文化产业创意与策划

WENHUACHANYE

CHUANGYIYUCEHUA

主编 高小康 钟雅琴
编者 袁瑾 余婷

南京大学出版社

图书在版编目(CIP)数据

文化产业创意与策划 / 高小康，钟雅琴主编. —— 南京：南京大学出版社，2014.10(2024.2 重印)
ISBN 978-7-305-14082-2

Ⅰ. ①文… Ⅱ. ①高… ②钟… Ⅲ. ①文化产业—研究 Ⅳ. ①G114

中国版本图书馆 CIP 数据核字(2014)第 237373 号

出版发行　南京大学出版社
社　　址　南京市汉口路 22 号　　邮　编　210093
书　　名　**文化产业创意与策划**
　　　　　WENHUA CHANYE CHUANGYI YU CEHUA
主　　编　高小康　钟雅琴
责任编辑　唐　城　唐甜甜　　　　编辑热线　025-83592123
照　　排　南京南琳图文制作有限公司
印　　刷　广东虎彩云印刷有限公司
开　　本　787×1092　1/16　印张 9.75　字数 226 千
版　　次　2014 年 10 月第 1 版　2024 年 2 月第 4 次印刷
ISBN 978-7-305-14082-2
定　　价　38.00 元

网址：http://www.njupco.com
官方微博：http://weibo.com/njupco
微信服务号：njuyuexue
销售咨询热线：(025) 83594756

* 版权所有，侵权必究
* 凡购买南大版图书，如有印装质量问题，请与所购图书销售部门联系调换

前　言

这本教材是为江苏开放大学新开设的远程教育课程"文化产业创意与策划"而制作的一套视听教学资源的书面部分。"文化产业创意与策划"是一门创新性和实践性很强的课程，编写这样的教材需要对目前国内外相关研究、实践和教学的现状以及发展趋势有相当程度的了解。因此，我们聘请了在深圳大学文化产业研究院专门从事文化产业研究的青年学者钟雅琴老师负责教材整体框架的策划和主要知识内容的搜集整理与编撰。她近年来在文化产业研究院的研究和教学经验对于编写这本教材有重要价值。同时，广东外语外贸大学袁瑾老师和中山大学余婷老师也参与了部分章节初稿的编写工作。

本教材的整体结构和主要知识内容大量参考了国内外相关研究和教学成果，其中特别参考了严三九、王虎编著的《文化产业创意与策划》（复旦大学出版社2008年版）一书的主体构架，在此基础上，根据开放大学的学习特点进行编写。此外还借鉴参考了其他许多已在国内公开发表的相关研究成果，在此，深表谢意！

书中不足错漏之处，敬请读者批评指正！

高小康
2014年6月

目 录

前 言 ·· 1
第一章　文化产业创意与策划概论 ·· 1
第二章　文化产业市场策略的创意与策划 ······································ 12
第三章　文化产品的创意与策划 ·· 22
第四章　文化品牌的创意与策划 ·· 37
第五章　文化市场流通渠道的创意与策划 ······································ 50
第六章　纸质传媒业的创意与策划 ··· 58
第七章　广告业的创意与策划 ··· 72
第八章　影视业的创意与策划 ··· 90
第九章　动漫业的创意与策划 ·· 103
第十章　网络文化产业的创意与策划 ··· 115
第十一章　会展产业的创意与策划 ·· 128
第十二章　休闲文化业的创意与策划 ··· 137
参考文献 ·· 148

第一章　文化产业创意与策划概论

导　言

近年来，随着文化产业的迅速发展，人们愈发强烈地意识到文化产业创意和策划在文化产业激烈竞争中的重要作用。文化产业创意和策划共同构成了文化产业的核心价值，它们贯穿于文化产业发展的整个过程。无论是文化项目的开发、文化活动的构想、文化产品的设计还是文化内容、文化服务、文化产业经营方式的创新，都离不开创意和策划。优秀的创意和策划是文化产业市场战略得以实现的基石。在当今文化产业领域，各种创意和策划精彩纷呈、各具特色。但是从总体上看，文化产业的创意与策划具有一些共同特点和规律，把握这些特点和规律是文化产业从业者在文化产业领域顺利工作的基础，也是保证整个产业健康运作的基本要求。

任务描述

☞ 学习掌握文化产业创意的含义
☞ 学习掌握文化产业策划的特征、功能、原则、程序

学习目标

☞ 了解文化产业创意与策划的内涵
☞ 把握文化创意与创新思维的关系
☞ 熟悉文化产业策划的原则、内容和程序

扩展阅读 1.1

"创作的意义是极为广泛的。无论什么东西从无到有，中间所借助的手段都是创作，所以一切记忆的制造都是创作，一切手艺人都是创作家。"

——柏拉图：《柏拉图文艺对话集》

"因为能凭想象来创造，他们就叫做'诗人'，'诗人'在希腊文里就是'创造者'。"

——维柯：《新科学》

1.1 文化产业创意是什么?

文化产业作为 21 世纪新兴产业,是当代人类社会全新的财富创造形态,因其所产生的巨大乘数效应,正在成为受到各国普遍关注与重视、冉冉上升的"朝阳产业"。创意,是文化产业中核心要素之一。理解文化产业创意是了解文化产业知识的基本要求。

1.1.1 创意是什么?

"创意",从字面理解,是一种思维活动,指具有创新的意识、思想和意境。"创意"一词最早由英文单词"creative"翻译而来,而"creative"在西方也被直接理解为"创造"。"创造"观念最早产生于古希腊,它所蕴涵和表达的是与客观世界万物实存不同的、关于人的精神与思维能力的另一类含义和意蕴。① 人们在那时已经初步意识到"创造"是人所独具的能力,是精神对客观事物的表现,人的精神是可以有所发明和创新的。而在中国文化传统中,"创意"则更多地与新的意境、风格等相关联。如王国维《人间词话》所言:"美成深远之致不及欧秦。唯言情体物,穷极工巧,故不失为第一流之作者。但恨创调之才多,创意之才少耳。"②

综上,我们可以知道,创意,或者说创造,是人的一种创造性的,对个体活动和实践具有指导意义的思维活动。

> **扩展阅读 1.2**
> "巴瑞多理论":意大利社会学家巴瑞多在其《人与社会》一书中认为,人主要分为两种类型:一种是"收租者"类型,一种是"重建者"类型。收租者类型的人通常作风较为保守,做法较为老套,不愿承担风险,凡事墨守成规,心甘情愿受他人操纵,缺乏想象力,属于保守型。而重建者类型的人,喜爱冒险,乐于更新,反对因循守旧,对新的组合与新的可能性保有热忱。思想家、科学家和艺术家、政治家等多属于重建者类型的人,他们往往充满活力,不安现状,勇于创新和突破,在政治、经济、知识、艺术等多方面不断进行新的组合。而这样的"组合",被巴瑞多认为是一种创意,他们具有"创意的特质"。这种把组合称为创意的理论,被后人称为"巴瑞多理论"。

1. 创意的特点

(1)抽象性。创意是一种超出日常惯性的思想和思路,是一种创新性思维。因而,从思维的特点来看,创意的形成必须是一种发散性思维和收敛性思维共同作用的过程。创意的发生往往从某一事物或要素发散出去,得出许多新的构思,继而将这些新的思维要素重新整合,创造性地得出新的最优方案。因此,创意往往是对于我们司空见惯的事物或思维定式的打破,是一种既合乎逻辑而又超越常识的思维整合。灵感则是创意常见的表现形态。灵感作为瞬间产生的富有创造性的突发思维状态,在文艺与科技的创新中显得尤

---

① 吴满意:《广告文化》,中国经济出版社 1995 年版,第 50 页。
② 王国维:《人间词话》,人民文学出版社 2008 年版,第 206 页。

为关键。创意属于灵感思维,是一种纯主观的思维活动,是意识与潜意识互相转化的过程。灵感只有在艰苦学习、长期实践,不断累积经验和知识的基础上方能产生。而创意的产生则同样要求创意者知识经验的积累丰富和意识的高度集中与纯化,最终达到一种和谐有序的状态,如"梦中生灵感"、"雨后生灵感"、"气功入定生灵感"等。

(2)广泛性。创意所涉及的范畴极为广泛,尽管"创意"一次的升温几乎伴随着文化产业的兴起而发生,但创意却着实体现在人们生产、生活每个领域的每个细节中。创意不仅体现在商业社会的商品、宣传上,还体现在不同组织的战略、规划及关系等方面,更存在于文化、艺术、科学、社会、经济等几乎所有涉及人类思维活动的领域。

(3)组合性。创意的组合性是指,创意只有在人们把收集到的资料或事实反复以不同的角度、方式进行观察和审视,并进行叠加、组合,从而寻找不同配置下才可能产生。因而,创意要求人们超越惯有边界,重新定义事物与事物间的关系。

2. 创意与创新

区别:创意主要指人的思维活动;创新不仅指思想和观念上的创新,还包括更为广泛的技术、物质等所有层面的创造和更新。

联系:创意是人的创新思维能力的具体体现,是比广义的创新更深层的思想创新或理念创新,是一切创新活动得以开展的前提和基础。

3. 创意与策划

区别:创意主要指创造出新的思想点或意义点,它注重的是意象的关联和重组,强调创新思维和瞬间的灵感凸现;策划则是人们围绕某一特定问题而进行的构思、规划、设计、论证、比较等一系列具体行为过程,它更关注严谨、敏锐的思维触角,强调逻辑思维和整体感觉。

联系:一切策划活动都是由众多新颖的创意组成。人们根据某些客观规律和原则,把这些创意采用相应的手段和科学方法组织起来以完成某一目标。缺乏好的创意,策划活动难以实现预想的实施效果;离开策划提供的科学研究的事实和架构,创意也无法体现自身价值。

1.1.2 创意与文化创意

相较普遍存在于广泛社会领域的创意,文化创意主要指向:为了满足人们的精神需求,以文化产品、文化服务、文化活动的创新为主要内容和对象的创意行为。文化创意所涉及的既包括公共文化产品、服务及相关活动,也包括文化产业的经营,同时包括其他产业生产经营中提升产品或服务文化附加值的各种创意活动。

> **扩展阅读1.3**
> 梁漱溟谈文化:文化不过是一个民族生活的种种方面,总括起来不外三个方面:一是精神生活方面,如宗教、哲学、科学、艺术等;二是社会生活方面,我们对于周围的人——家族、朋友、社会、国家、世界——之间的生活方法,以及社会组织、伦理习惯、政治制度、经济关系等都属于文化;三是物质生活方面,如饮食、起居种种享用,人类在自然界中求生存的各种方式。
> ——梁漱溟:《中国人:社会与人生》

文化创意需要根据社会文化的现实变化及创意对象文化表达的要求来进行创新。文化主题及表达的设计一旦陈旧老套,创意便无从谈起,更无法达到对创意主体的传播效果;与此同时,如若创意虽然新颖,但与其需表达的文化主题和文化语境不相协调,则会转移人们的注意力,削弱文化主体的内涵,同样无法达到创意的目标。

1.1.3 文化产业创意

文化产业创意是从市场和产业的角度,对文化生产和文化服务所进行的思维创新和观念创新。文化产业作为全球化背景下产生的以创造为核心的新兴产业,文化产业的创意是整个文化产业发展的关键先导和主要动力。文化产业创意既包括文化产品的设计、文化活动的构思、文化项目的开发,也包括文化内容和文化服务的创新,以及文化生产活动和经营方式的创新。

1. 文化产业创意与创意产业

区别:创意产业是以创意为理念核心的总体经济活动,创意产业本身具有跨行业性,涉及众多宽泛的行业和门类,如工业创意、农业创意、文化产业创意等。

联系:文化产业创意是创意产业的重要组成内容之一。文化产业创意以创意为核心,为人们提供文化、艺术、精神、娱乐等新产品和服务,文化产业创意作为一个新兴创意类别,是文化产业中最具创造性和先导性的核心组成部分。

2. 文化产业创意的特点

(1)创意为王。文化产业以创意为核心,将抽象的文化转换成直接的具有高度经济价值的产业形态,将创意与变化带入具有丰富内涵的文化,使其发挥产业功能。这种创造出巨大产值的创意活动改变了过去必须要有实体才能生产与制造的生产方式,重塑新的生产概念,将一个抽象、无形的产品纳入产业链的一个环节,这种特殊的生产方式不仅将衍生出众多文化产业新兴业态,同时也将为那些具有文化内涵的传统产业提供转型升级的巨大发展空间。

(2)高端上游产业。文化产业创意对文化产品和文化服务的产业实现具有的重要先导作用和决定性,使当代文化产业更加注重创意源头的质量,更加注重上游产业链的意义,强调其产业的经济价值主要由文化创意的价值来决定。

(3)与科技、经济、资本等融合。文化产业发展的一个重要特征就是使原属于不同产业类别的各行业要素和机制相互融合,跨界整合。因此文化产业创意从某种意义上说,就是将文化与科技、金融等不同行业领域进行重组与合作。丰富的文化资源是文化产业创意的宝贵源泉,现代科技的飞速更新则是文化产业创意的技术支撑,现代的经济管理方式为文化产业创意提供运营保障,而资本的大量介入则是文化产业创意得以实现的最终保证。

(4)依赖知识产权保护。文化产业是知识密集型产业,它的创意是集体智慧的结晶,创意的成功需要人们付出大量的脑力劳动。美国、日本、韩国等全球文化产业高度发达的国家都极其重视对其文化产业创意的版权保护。因此,文化产业创意与知识产权息息相关,离开知识产权的有效保护,文化产业创意将会失去发展的动力。

(5)源于消费推动。当我们进入消费社会及全球化的新时代,文化的传播与市场便成为一个全球性问题。伴随着全球市场的拓展,文化市场必须正视文化需求的多样化与个性化。而文化消费的符号化、时尚化也迫使过去僵化的文化生产模式必须发生根本改变。文化产业创意需要不断关注消费社会中人们文化消费习惯、消费趋向的市场变化,从而不断更新创意策划、设计、营销与消费的样式。

> **扩展阅读 1.4**
> "策划是一种程序,在本质上是一种运用脑力的理性行为。基本上所有的策划都是关于未来的事物,也就是说策划是针对未来要发生的事情做当前的决策。换言之,策划是找出事物因果关系,衡量未来可采取之途径,作为目前决策之依据……策划的步骤是以假定的目标为起点,然后订出策略、政策,以及详细的内部作业计划,以求目标之大成,最好还包括成效的评估及回馈,而返回到起点,开始策划的第二次循环。策划是一种连续不断的循环,因为一个组织的内在及外在环境都不可能是静止不变的。"
>
> ——《哈佛企业管理》

1.2 文化产业策划的特征与功能

文化产业运作是一项非常复杂的系统工程,从文化产业项目运作动机的产生、项目的构思设计到建设投产、取得预期收益,产业运作的每一环节都贯穿着挑战和抉择。严谨周密的策划对于规避风险、实现目标尤为重要。因此,文化产业策划是文化产业的重要环节,是争取实现预期效果的起点和基础。在明确文化产业创意后,就可以其为核心,展开整个策划活动。

1.2.1 文化产业策划的含义

文化产业策划是对于文化产业运作过程的整体计划,是为提出、实施及评定文化产业策略而进行的预先研讨和规划。文化产业策划是文化产业运作的设计蓝图,是文化产业运作之前的整体把握,是文化产业投资的重要前提。

文化产业策划的基本要素包括:

主体——策划人或决策者;

客体——策划过程中的客观环境和主要竞争者;

资源和条件——策划人或决策者的优势和条件;

思维方法——策划人的创新方法和手段;

对象和目标——策划的具体对象和想要达到的目的。

文化产业策划与营销策划的关系:

随着时代的变换和市场的发展,文化产业策划与营销策划在很多情况下相互交织、难以分割,文化产业实践中会出现将生产和营销整合的趋势。一方面,文化产业策划应该准确地反映和配合营销策划的总体构思、战略意图和具体安排;另一方面,文化产业策划要为完善营销策划提供策略,创造性地为文化产品营销目标和文化产业营销战略服务。

1.2.2 文化产业策划的类型

按照性质、范围、对象、业务、需求、频度等不同标准,文化产业策划可以进行以下类型划分。

1. 按照策划的性质划分

(1) 处方型策划:解决已产生问题的策划;
(2) 改善型策划:针对现状寻求改善、提高的策划;
(3) 预防型策划:预防可能发生问题的策划;
(4) 开发型策划:面向未来发展的策划。

2. 按照策划的范围划分

(1) 全程策划:针对文化企业或文化行业整体发展把握的系统策划;
(2) 领域策划策划:针对文化企业或文化行业某个特定领域的策划;
(3) 专项(专题)策划:针对文化企业或文化行业某个环节(或专题)的策划。

3. 按照策划的对象划分

(1) 战略策划:关于文化企业或文化行业"做什么"的策划;
(2) 战术策划:关于文化企业或文化行业"怎么做"的策划;
(3) 实施策划:关于文化企业或文化行业"怎么做好"的策划。

4. 按照策划的业务划分

(1) 调查类策划:关于现状调查、市场调查、主题调查、可能性调查等的策划;
(2) 分析判断类策划:关于现状分析、问题分析、假设分析等的策划;
(3) 实施类策划:关于实施计划、方案组合等的策划。

5. 按照策划的需求划分

(1) 委托性策划:由文化企业或其他文化组织委托的策划;
(2) 自主性策划(先期策划):策划人的预见性策划。

6. 按照策划的频度划分

(1) 一次性策划:如新闻发布会等活动的一次性策划;
(2) 重复性策划:如面对政府、公众和社会的公关策划等重复进行的策划;
(3) 周期性策划:如每一年度必须进行的年度销售策划等具有一定周期性的策划。

1.2.3 文化产业策划的特征

文化产业策划作为一项将科学的策划流程与特定的文化产业相结合的、指导性的文化产业实践活动,具备以下特征:

1. 策划主体团队化。策划原本属于个人的智慧活动,但随着文化产业的发展对文化产业策划提出越来越丰富庞杂的要求,因此,文化产业策划逐步表现为一种群体集合的团队行为。文化产业策划的专门机构作为"智囊团",为文化生产企业乃至整个行业提供各种咨询和策划。

2. 策划分析定量化。不同于过去策划往往以定性分析为主,在文化产业环境日趋复杂多变的当下,文化产业策划往往需要进行大量的数理统计和运筹分析,以保证策划的科学准确性。

3. 策划过程程序化。依赖经验直观层面的非程序、非规范性策划活动,其成败与否完全依赖策划者的个人素质，具有很高的风险性。因此，现代文化产业策划为保证策划的合理性和可行性，保证策划方案执行的计划性，需在策划理论的指导下，按照严密的逻辑推理和一定的运作程序进行，有效地减少策划的失误，降低策划风险。

4. 策划手段现代化。电子计算机和互联网的日新月异为文化产业策划开拓了新途径。在系统论、信息论、控制论、未来学等横断学科和综合学科的理论基础上，文化产业策划已不能依赖经验型的研究分析，而建立在准确、迅速和充分搜集、分析信息的基础之上。

1.2.4 文化产业策划的功能

文化产业策划有助于促进文化产业目标的实现，保证文化产业运作的实效，进而提高文化企业的竞争力。

1. 促进产业目标实现。产业目标（产业效益）的实现是文化产业运作的根本诉求，既包括产品销售的即时经济效益，也包括品牌形象等方面的潜在社会效益。文化产业策划将营销学、传播学等原理运用到具体的产业运作中，以保证产业目标的实现，并随着目标的变换及时做出相应调整。

2. 保证产业运作实效。文化产业策划保证文化产业活动的自动、合理运行，使文化产品和服务的特性得以凸显，使市场功能充分发挥，从而降低产业运作成本、减少损耗，形成市场规模效应和累积效应，确保文化产业活动以最少的投入获得最大的经济效益和社会效益。

3. 提高文化企业竞争力。文化产业策划充分发现文化企业优劣势，仔细分析市场状况，为企业提供行之有效的市场策略，提高文化企业的市场竞争力。因而，文化企业的市场竞争从某种意义上说，就是文化产业策划的竞争。

1.3 文化产业策划的原则

文化产业策划不仅是具有指导性的策略计划，还是具有操作性的工作方案，表现出突出的应用性特征。为了保证文化产业策划的科学有效，文化产业策划需遵循相应的专业原则。

1.3.1 客观可行原则

客观可行原则是指文化产业策划必须充分考虑内外环境资源要素，从实际出发，便于操作。文化产业策划的实操性决定文化产业策划首先遇到考虑其可行性。

保证文化产业策划的可行性意味着策划的创意要在国家法律法规、社会道德规范、现代或传统文化意识、受众接受和消费能力等因素可承受的范围内；策划必须与现实生活的客观实际相结合，因人而异，顺应潮流，不可过于超前或超越市场、道德底线等。

客观可行原则的具体要求包括：

1. 进行可行性分析。可行性分析的目标是综合利害分析、科学性分析、合法性分析、经济性分析选出最优项目方案。

2. 进行可行性实验。可以局部试点的方式进行可行性实验，以检测策划方案的重点是否落实在关键的现实问题上，方案的整体架构和运行机制是否合理，其实施结果是否有效等。

3. 具有运行性和有效性。运行性和有效性是可行性原则的根本要求。运行性要求策划可以运行,具有一般的行为特点;有效性指策划在实施过程中能合理有效地配置企业的资源要素,达到策划效果等,即收益和成功率。①

1.3.2 系统性原则

系统性原则指文化产业活动的各个环节、要素在文化产业的总体目标下互相协调、互相依存、互相促进,各种文化产业策略系统组合、科学安排、合理运作,成为一个高效运作的严密系统。

把握文化产业策划的系统性原则有助于克服文化产业运作中的随意性和盲目性,防止文化产业策略之间的矛盾和冲突,其具体要求包括:

1. 有效整合,集中优势。文化产业策划需要将所有有利于策划的因素有效整合,集中优势力量,确保策划目标的实现。

2. 全局带动,局部服从。文化产业策划要从全局着眼,遵循局部服从全局的规律。

3. 内外结合,长期有效。文化产业策划要充分考虑内外部各项要素全盘考虑,内部包括功能、目标、结构、层次、元素等内部系统要素;外部包括市场、技术、文化、消费者等要素。同时要注重策划的长期性和有效性。

1.3.3 价值性原则

价值性原则指文化产业策划要遵循市场价值规律,其结果要创造一定的市场价值。文化产业的迅速繁荣意味着其与价值利益的关系日渐密切,文化产业策划与利益密不可分,价值性是策划活动的前提,也是策划成败的试金石。

1.3.4 随机性原则

随机性原则指文化产业策划需要随内外部环境因素的变换灵活机动,通权达变。策划人在实践过程中,在利弊权衡的基础上,不拘泥于既定的策划方案和短期策划目标,及时机动地对策划进行调整。

当然,对策划的调整不是随意行为,具有一定限度,主要从以下方面进行把握:

1. 对信息变化的可靠程度进行判断,决定是否需要对策划进行调整修正;

2. 对信息变化的范围和幅度进行判断,决定策划调整修正的限度;

3. 对可能产生的实际效益进行估计判断,决定策划调整修正的力度。

1.3.5 导向性原则

导向性原则指文化产品作为具有特定意识形态特征,会对人们精神世界产生巨大影响的特殊产品,其策划在实现价值性原则的同时,必须保证意识形态的导向性。文化产业策划必须以社会公众利益为出发点和归宿,这既是文化产业策划的一项基本原则,也是文化职业的道德准则。

导向性原则既体现文化产业的社会主义性质,又是文化产业行为取得社会公众支持、树立良好形象的基础。具体而言要求包括:

1. 遵循公众利益。文化产业策划要积极倡导积极向上的精神文明,以丰富人民群众

---

① 周培玉:《文化产业策划管理教程》,中国经济出版社2006年版,第42页。

健康的精神生活为导向。

2. 寻找社会、公众、产业利益的平衡点。在具体的文化产业策划中要在实现社会效益、公众效益的过程中实现自身的经济效益，寻找三者结合的着眼点，提出有助于文化产品有效传播的策划方案。

> **扩展阅读 1.5**
>
> 娱乐大王的创业故事
>
> 迪斯尼是当今世界最伟大的文化企业之一，其创始人沃尔特·迪斯尼出生于美国芝加哥市的一个普通市民家庭。沃尔特极富创新精神，从小喜欢绘画的他，在大众还不熟悉动画片的时候就对动画片投入了全部精力，他自学动画片制作的全部细节，并于1922年与五位漫画家、业务经理等共同建立"欢笑卡通公司"。
>
> 公司在很短的时间内便完成了《金发小女孩和三只小熊》《爱丽丝梦游仙境》《汤姆·杰顾的牙齿》等作品，引起大众关注。此后，动画电影发展的曙光促使沃尔特在1924年进一步创立"迪斯尼兄弟制品厂"，与环球影片公司合作生产动画影片。
>
> 沃尔特绘制了一套以米老鼠为主角的创意动画片，然而第一批制作成功的米老鼠系列片《疯狂飞机》《骑快马的高卢人》由于没有找到合适的发行人而面临绝境。然后，有声电影的出现让沃尔特看到了发展的契机。他大胆地将米老鼠配音上映，引发市场极大轰动，并最终构建了一个极富创意、受到大众狂热喜爱的米老鼠形象。
>
> 沃尔特·迪斯尼正是利用一系列市场和技术机遇，及时调整自己的产业策划，最终成为全球著名的娱乐大王，"米老鼠之父"。
>
>
>
> 迪斯尼经典卡通形象米老鼠和唐老鸭
（图片来源：迪斯尼中国官方网站）

1.4 文化产业策划的程序

文化产业运作是一项负责的系统工程，必须进行详细的策划，合理安排程序，明确实施步骤,以保证文化产业目标的实现。文化产业策划大体包括设定目标、收集信息、设计方案、组织实施、效果评价、调整反馈等动态过程。

1.4.1 确立策划目标

确立策划目标就是明确策划活动将要达到的直接目的和最终目的。制定策划目标的步骤包括:发现分析问题、明确策划主题、策划经费预算。

发现分析问题要求有效地确定策划对象和问题,对不可策划或难以解决的问题进行有效规避;明确策划主题要善于抓住重点、细化主要问题,进行换位思考;策划经费预算要根据策划目标的要求和具体策划步骤的安排,对可能发生的费用进行预算,对策划方案的合理性进行预先估计,同时作为执行方案的经费依据。

1.4.2 市场信息调研

信息调研是制定策划的基础,为制订方案准备充足有效的信息资料,在信息调研过程中需要:明确调研目标、确立调研范围和对象、确立调研方式、制定调研方案、实施调研方案、对调研结果进行分析总结等。

1.4.3 制订和选择策划方案

策划方案的制订和选择是文化产业策划的核心内容。这一阶段的工作直接影响整个策划方案的质量和可行性,决定策划工作的成败,因此要以科学研究的态度开展以下工作:

1. 调研信息的研究与开发。对市场信息调研阶段所获取的信息进行充分的研究与吸收,对已有信息进行二次开发,深入探索数据间的相互关联,将单个的、零散的数据进行重组,构建成有机的数据库以满足策划方案制定的需求。

2. 策划方案的构思。充分发挥策划者创造性,在已有信息、自身知识和经验的基础上发散性地构思各种可行性方案。为了保证方案的完善和独特,针对每个具体问题至少提出两个或两个以上策划方案,尽可能地考虑多方面的情况;同时运用不同的策划思维和策划手段力求方案的独立性和特色。

3. 可行性论证。利用类比判断法、经验判断法、专家论证法和方案实行法等对上一阶段形成的众多方案进行可行性论证,依据文化产业策划的基本原则,选取最终方案。

4. 形成策划书。将通过论证的策划方案以具体的文字形式表达出来,形成规范、可操作实施的策划书。策划书应做到主题鲜明,文字简明扼要,逻辑合理清晰,同时辅以图表、设计模型、实物图片等进行视觉化说明。

1.4.4 实施策划方案

实施策划方案的核心是将策划书有效地落实在具体的文化产业运作中。通常可制定相应的实施细则,明确组织保障、人员保障、财务保障、措施保障等,同时明确实施流程和规则,保障运行过程的顺利进行。

> **扩展阅读1.6**
>
> "市场弹性":企业在执行策划方案时必须根据企业资源、竞争对手、消费者及宏观环境等方面在策划实施前后的整体变化,建立及时有效的反馈机制,灵活变通地运用市场策略,彻底贯彻"随机制宜"的思想,这就是通常所说的"市场弹性"。

1.4.5 效果评价与信息反馈

文化产业运行的实际效果是文化产业策划的最终目标。文化产业策划在具体实施过程中,往往会由于主客观各种因素出现偏差,因此,对执行效果进行及时评价,形成迅速反馈,对方案进行必要的调整修正非常重要。

常见的效果评价方法包括:(1) 前后对比法,即通过文化产业策划方案实施前后企业业绩等的对比,确认策划方案的效果;(2) 单因素变动法,即通过对一项文化产业业绩的诸多策划要素进行单因素对比实验分析,测定策划方案的实施效果。

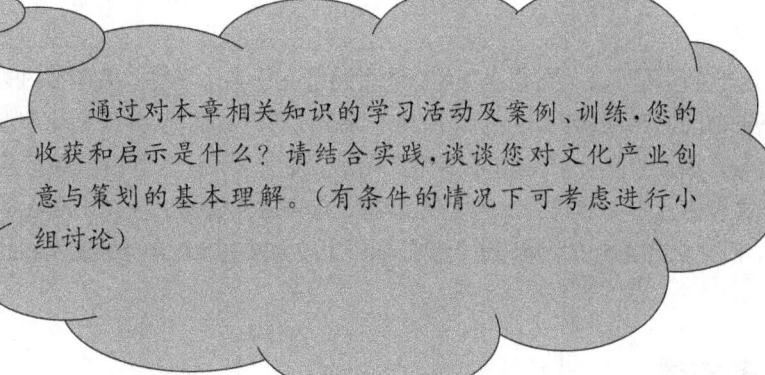

通过对本章相关知识的学习活动及案例、训练,您的收获和启示是什么?请结合实践,谈谈您对文化产业创意与策划的基本理解。(有条件的情况下可考虑进行小组讨论)

第二章 文化产业市场策略的创意与策划

导　言

　　文化产业区别于公共文化服务的根本性特征在于其市场性。我国在过去很长一段时间只强调文化的公共服务属性,而忽视其市场属性和产业功能,并无文化产业与文化市场的概念,与之相关的文化产业市场策略更无从谈起。然而,随着市场经济条件的日渐成熟,全球文化产业令人惊叹的飞速发展,我国近年来愈发重视加快文化领域的产业化、市场化进程。对文化产业的市场策略进行有效创新也成为推进文化产业快速发展的重要内容。

 任务描述

　　☞ 学习掌握文化消费的决策过程和需求特征
　　☞ 学习掌握文化市场的细分与定位方法
　　☞ 学习掌握文化产业市场策略的设计:差异化竞争策略、市场渗透策略、市场拓展策略、社会责任策略、服务经营策略等

 **学习目标**

　　☞ 充分了解文化消费的需求特征
　　☞ 掌握文化产业市场细分与定位方法
　　☞ 学习文化产业市场策略的设计与制定

2.1　文化产业具有怎样的市场消费特征?

　　文化产业运作与实施的诉求是为了满足人们日益丰富的文化消费需求。文化产业的市场策略即是在分析和判断文化市场消费特征的基础上进行市场细分,从而确立文化产品准确定位,最终设计出符合特定文化产业发展需求的市场营销方案。因此,理解文化市场的消费特征,是制定准确的文化产业策略的前提和基础。

2.1.1　文化消费的心理需求动机

　　文化消费是人们寻求精神层面满足的消费行为,具有较高的审美层次。对心理学家所提出的人类需求动机理论的了解,有助于发现和理解文化消费需求的一般规律。其中

较为具有代表性的包括西格蒙德·弗洛伊德(Freud Sigmund,1856—1939)的"潜意识"学说和亚伯拉罕·马斯洛(Abraham H. Maslow,1908—1970)的"需要层次"理论。

1. "潜意识"与文化消费

弗洛伊德认为人格或人的精神主要分成三个部分,即本我(id)、自我(ego)和超我(superego)。弗洛伊德把人的动机归纳为饿、渴、睡、性等,其中性欲占主导地位(本我)。但本我往往受到道德、社会法规等现实条件的制约(超我),受到压抑的冲动通过梦、失语等形式来寻求满足。

扩展阅读 2.1

病毒式营销:病毒式营销(viral marketing,也可称为病毒性营销)是一种常用的网络营销方法,常用于进行网站推广、品牌推广等,病毒式营销利用的是用户口碑传播的原理,通过利用公众的积极性和人际网络,让营销信息像病毒一样传播和扩散,营销信息被快速复制传向数以万计、数以百万计的受众。

在互联网上,这种"口碑传播"更为方便,可以像病毒一样迅速蔓延,因此病毒式营销(病毒性营销)成为一种高效的信息传播方式,而且,由于这种传播是用户之间自发进行的,因此几乎是不需要费用的网络营销手段。互联网之外,病毒式营销被用来指"口碑(word-of-mouth)""制造热点(creating a buzz)""整合媒体(leveraging the media)""网络营销(network marketing)",但是在网络上,不论好坏,均被称为"病毒式营销。"

2012年风靡全球的韩国"神曲"《江南 Style》便是"病毒式营销"的典型案例之一。《江南 Style》视频仅上传到网络上 105 天,Youtube 上的点击量就超 5 亿次。2012 年 12 月 21 日,《江南 style》成为互联网历史上第一个点击量超过 10 亿次的视频。《江南 Style》的制作方只花费很少的营销费用,就使其得到爆炸式的流行,就是由于利用了互联网空间中"病毒式营销"的巨大效力。病毒式营销的成功案例还包括 Amazon、Facebook 等国际著名网络公司。病毒式营销既可以被看作一种网络营销方法,也可以被认为是一种网络营销思想,即通过提供有价值的信息和服务,利用用户之间的主动传播来实现网络营销信息传递的目的。

《江南 Style》官方封面

Facebook 界面图

(图片来源:百度图片)

潜意识的本我代表人们最为原始,属于满足需求的思绪;潜意识的超我代表社会引发生成的良心,以道德及伦理思想反制本我。大部分属于意识层次的自我则存于原始需求与道德/伦理信念之间,以此平衡。健康的自我具适应现实的能力,以涵盖本我与超我的方式,与外在世界互动。

借用弗洛伊德"潜意识"学说分析文化消费需求,可以解释文化商品的购买情况。从消费者的购买动机来看,消费者的意识层面既包括由感觉、知觉、概念、表象、判断、推理等组成的显意识层面,也包括潜意识层"本我"的需求。因此,文化产业的市场创意和策划可通过各种营销手段发掘消费者的潜在需求,刺激消费行为发生。

2."需求层次"与文化消费

马斯洛是人本主义心理学的主要发起者和理论家,他的"需求层次"理论,亦称"基本需求层次理论",是行为科学的理论之一。在马斯洛看来,人类价值体系存在两类不同的需要,一类是沿生物谱系上升方向逐渐变弱的本能或冲动,称为低级需要和生理需要;一类是随生物进化而逐渐显现的潜能或需要,称为高级需要。

由此,马斯洛将人的需求分为像阶梯一样从低到高的五个层次,即生理需要、安全需要、情感和归属的需要、尊重的需要、自我实现的需要,另外还有求知需要和审美需要。马斯洛认为后二者应该居于尊重需要和自我实现需要之间。

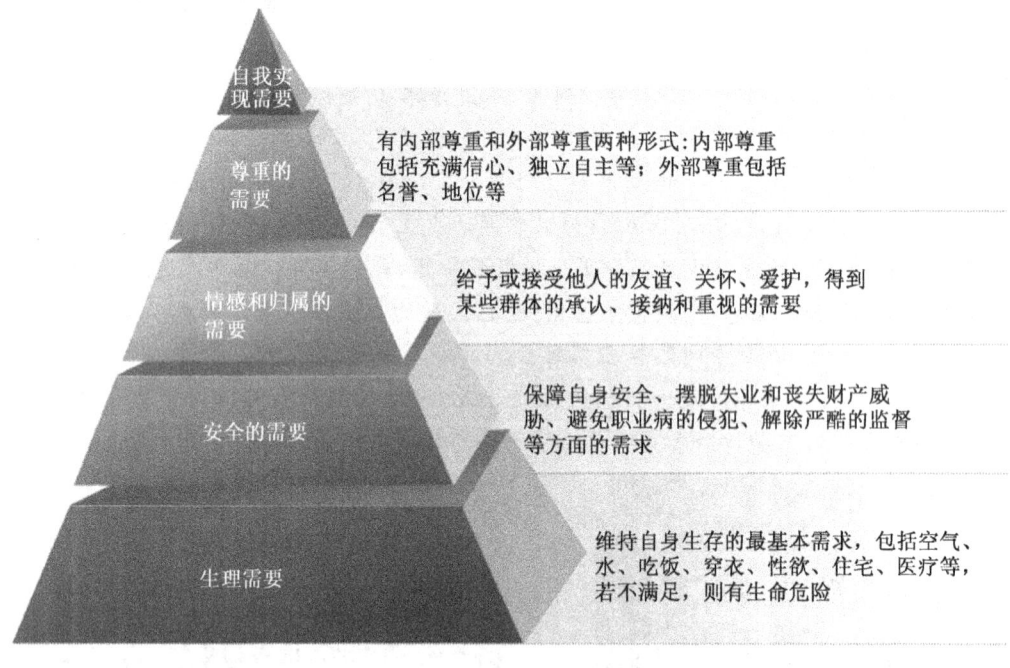

马斯洛"需求层次"理论

马斯洛的"需求层次"理论揭示了人需求的分化,对于文化产业而言,必须重视人们需求的多元化和特殊化特点,根据不同细分市场来满足不同人的差异化需求。

动机理论对分析文化消费的心理动机、指导创意策划有十分重要的理论和实践意义。人们的购买行为几乎都是在一定动机的驱使下完成的。人们对文化产品的接受和消费是各种情感、感知、理解、想象等心理活动交织渗透、彼此推移、共同作用的结果。消费者的价值观念、性格特点、兴趣爱好、生活习惯、审美趣味等因素对文化消费的最终实现产生复杂而微妙的影响。

消费者对文化产品的消费受到内部感知和外部刺激的双重影响。内部感知主要指的就是消费者的认知范畴、学习方式及个人的需求和动机等；外部刺激则包括消费者所处的家庭、社会结构和文化等的影响。消费者对外部信息的认知过程经过各种物理信息的刺激，在生理过滤层产生感觉，继而形成心理过滤层的情感，逐步定型为对产品信息的感知认识，通过记忆建立认知档案进而形成对文化信息新的认知①。

2.1.2 文化消费的心理特征

与其他的物质消费不同，文化产品和文化服务的消费带有强烈的精神属性。文化消费行为受到消费者个人知识结构、心理素质、情趣爱好及瞬间情绪、态度的影响，在消费心理上表现出认同性、可塑性和趋新性等特点。

认同性，即文化消费的惯性心理，指消费者在进行文化消费的过程中，往往倾向于选择那些与自己的知识结构、经验趣味和需求模式相似或一致的产品，表现出一种"爱同憎异"的消费趋向。

文化消费中所表现出的认同心理是一种自然而然地流露出的意识指向，是一种带有潜意识性的趋向作用，是一种心理惯性作用，其根源是对事物的惯性心理。是"早先的经验和像需要、情绪、态度和价值观念这样一些重要的个人因素"决定的知觉准备状态，也是"我们倾向于看见我们以前看过的东西，以及看见只适合于我们当前对于世界所全神贯注的和定向的东西"。②

所以，文化产品如果能唤起消费者对自己过去生活经验和情感经历的类似回响，往往会较易得到消费者的认同和选择。可以说，一切形式的文化消费都是从消费者对文化产品的认同开始的，而形成"共鸣"是消费者对文化产品认同所达到的最佳状态。文化消费如果不能形成文化认同和使认同深化，消费者的消费需求便无法得到满足，文化产品的价值实现更无从谈起。

可塑性，即文化消费的随机心理，指文化消费心理存在某些内在规律的同时也带有很大的随机性和可塑性。文化产品作为特殊的商品在流通呈现过程中受到主客观领域诸多偶然因素的影响，从而使消费者的消费心理脱离一定的规范，呈现出较大的随机性和较强的可塑性。

消费者在不同的时空下，由于自己情绪和心境的变化引起消费心理的变异，继而影响自身的消费行为。正是基于这点，文化产业的市场策略应在营销过程中积极采取各种创意和策划组合，改变或强化消费者的心理定势，继而对消费者的消费决策和消费行为产生影响。

趋新性，即文化消费的逆反心理，指消费者对文化产品的新发现和新体验，对新的消费对象的追求。文化消费中往往会出现"以旧为新"或"喜新厌旧"的现象，就是文化消费趋新的具体表现。这种趋新，是消费者的主体性日益增长和审美趣味日趋多元的鲜明表

---

① 蔡嘉清：《文化产业营销》，清华大学出版社2007年版，第142页。
② 克雷奇等著，周先庚、林传鼎等译：《心理学纲要》下册，文化教育出版社1981年版，第78页。

现,带有逆反的心理特征。

在文化消费中虽然具有认同惯性,但与之相伴的是消费者对突破心理定势和平衡状态的逆反追求。随着生活方式的变革和生活经验的丰富,人们开始越来越多地寻找审美过程中的新奇体验,以获得新的兴趣和满足。所以,文化产业的市场策划要学会观察和了解消费者的兴趣点,通过各种创意手段刺激和扩大文化消费的需求,增强消费者对文化产品的消费兴趣,实现消费行为。

2.1.3 文化消费的行为决策模式

消费行为是指"人们为满足需要和欲望而寻找、选择、购买、使用、评价及处置产品和服务时介入的过程和活动。对许多产品和服务来说,购买决策包括一个广泛的信息搜集、品牌对比和评价,以及其他活动在内的长期、细致的全部过程"。① 在理解消费者消费心理的基础上,充分了解消费者行为决策的过程,并采取针对性的市场策略,是文化产业市场策划的重要内容。

从某种程度上说,对消费者行为的了解程度决定着策划的成功机率。文化产业的策划不仅需要了解消费者的特别需要,需要了解消费者如何将其需要转换成购买标准,同时需要了解消费者如何搜集信息并利用信息进行产品挑选,需要了解消费者最终如何做出购买决策。消费者的消费价值取向存在求实、求新、求美、便捷、从众等特点,其购买决策大体上包括确定动机——信息搜集——选择评价——购买决策——购后评价等阶段。

> 确定动机:消费者意识到自身某种需要并且有解决问题满足需求的冲动。消费动机是由消费者自身的理想状态与现实状态间的差距所诱发。多数文化产品的消费是建立在消费者较高需求层次的基础上,受消费者知识结构、个人喜好、文化素养等内部因素的制约,同时受外部传媒、文化环境的影响,带有较大的随机性和较强的可塑性。

> 信息搜集:消费者一旦意识到某种需求可以通过某种产品或服务的购买得以解决,便开始搜集相关的信息以制定购买决策。信息既包括消费者内部过去的购买经验和相关知识,也包括从外部途径搜寻获取的相关信息,如亲朋好友的介绍或媒介来源等。当购买大宗商品或进行复杂购买行为时,就需要借助大量信息进行参考。

> 选择评价:在获取决策信息后,消费者进入评价阶段,即消费者将搜集到的各种信息进行比较,为购买决策的制定提供依据。消费者通常会对文化产品或服务的实际效果进行心理性评价和功能性评价。心理性评价大多为不可捉摸的主观个性化抽象评价;功能性评价则是消费者直接经验的文化产品和服务具体功能的有形评价。

---

① [美]乔治·E.贝尔奇、麦克尔·A.贝尔奇著,张红霞、李志红译:《广告与促销——整合营销传播展望》,东北财经大学出版社2000年版,第139页。

↓

> 购买决策：即购买意图（倾向），指消费者根据选择评价的结果所形成的购买意向。购买决策同真正的购买行为有时并不完全一致，可能在即时受外部环境或主观情绪的影响。购买决策通常以品牌的属性或特征为基础，并整合购买者的动机、知觉、形态等因素的影响。

↓

> 购后评价：消费者的决策过程并不会随着购买过程的结束而结束。一种情况是，消费者在使用产品或体验服务后，将其实际效果与期望水平进行对比，体会到满足或不满意，进而影响其未来的购买行为。另一种情况是，在做出某项艰难的购买选择后产生怀疑态度，并进而寻求更多借鉴性意见。对这类情况，企业应开展售后品牌巩固服务，确保消费者的满意程度。

2.2 文化市场的细分与定位

市场细分是在消费者的消费行为和消费特征的基础上，将其划分为若干不同的购买群体，界定他们的特征与个性，然后将若干细分市场按照不同的标准进行聚合，基于一个或几个准备进入的聚合市场进行市场定位。[①] 市场细分的目的是锁定目标消费者群体的特征与位置，从而明确策划行为的目标和市场定位方向。

市场细分有助于文化企业明确与自身发展相适应的市场规模和消费群体，为后续市场策略的创意与策划打下基础。市场细分一般分为两大步骤：一是在较大的文化市场中拆分出具有某些共同特征和需求的群体；二是根据群体对文化产品或服务的共同兴趣，将群体重新聚合成稍大的细分市场。

2.2.1 文化市场细分的原则和标准

> **扩展阅读 2.2**
>
> 数据库营销：在文化市场中，消费者的需求和记忆总会留下一些"蛛丝马迹"——那些可以揭示他们生活习惯、购买兴趣的信号。策划者则可以通过这些蛛丝马迹来发现并锁定具有相似需求和欲望的消费群体，进而针对他们策划市场策略，并在恰当的时空向他们进行市场营销。数据库营销就是建立在这一特征基础上的。许多电子商务平台会自动将注册用户的在线时长、浏览习惯、购买行为等信息记录在数据库中，并进行数据统计分析，确立他们的购买取向，定期向用户发送相关营销信息，刺激用户的购买欲望。

---

① 饶德江：《广告策划与创意》，武汉大学出版社 2003 年版，第 53 页。

并不是所有的市场细分都对文化产业的策划有意义,在进行市场细分时必须分析测定市场是否具备从事有效策划的条件,因此选择文化产业细分市场时必须遵循以下原则:

可区分性——不同的细分市场之间可以清楚地加以区分;

可衡量性——细分市场消费者的资料必须能够加以衡量和推算;

可盈利性——细分市场有足够的需求量,具有相当的发展潜力,可以使企业有望获取长期稳定利润;

可实现性——包括细分市场是否易于进入,推广策划工作是否可行,企业市场策略通过一定的有效途径是否能达到目标市场等。

就文化市场细分的标准而言,市场营销理论一般将消费者按人口、地理、行为、消费心态等进行分类,以此来标明和区分消费市场。对文化市场而言,按消费者的购买行为划分市场是一个较为有效的方法,既根据消费者的身份、使用率、购买时机、利益追求等变量来进行细分。主要包括:

A. 按受众身份变量,可将文化市场消费者分为专一品牌用户、半专一品牌用户、折扣用户、知晓而未尝试用户、尝试而拒绝用户和泛产品用户。其中泛产品用户是品牌转换的主流,他们认为两种或两种以上品牌具有优越特性,乐意用全额购买这些产品。泛产品用户最易因自己变幻不定的欲望而受产品推广的影响,是品牌广告的主要诉求对象。

B. 按使用率变量,可将文化市场消费者分为轻度使用者、中度使用者和重度使用者。一般来讲,让重度使用者增加使用量比让轻度使用者增加使用量来得更容易。所以,企业需要发现自己产品重度使用者的共同特点,确认自身产品的差异优势,从而进行更有效的市场策划活动。

不同的细分方法对于不同的企业各有优劣,企业策划者需要充分理解和掌握自身的消费者群体,选择正确的目标市场,进行有效的市场策略,使自身的产品属性和形象与消费者的需求相吻合。

2.2.2 文化产业市场的定位策略

市场细分的目的是为制定市场策略服务,市场细分是对文化产品和服务进行准确市场定位的依据。文化企业策划者在进行文化市场细分的基础上,应充分了解市场资源、正确评估市场容量、辨明市场方向,从而确立市场定位。也就是选择有足够利润吸引力或市场潜力的特定消费群,将其聚合为企业的目标市场,针对目标市场进行营销策划。具体而言其市场定位策略包括:

1. 确立目标市场

通过市场细分,选择最佳时机,针对目标市场进行产品核心价值的提炼,利用现有产品的隐形差异确立营销策划,锁定目标市场。企业应根据自身实力和市场环境制定相应的市场目标,既包括销售目标、利率目标、市场占有率目标,也包括短期目标、中长期目标等。在确立目标市场的过程中应特别注意辨析,企业可运用的主要差异特征有哪些? 如何寻找取得潜在竞争优势的来源? 如何在市场进行有效的产品定位? 如何向市场传播自身的定位信息?

2. 确立市场切入点

确立市场切入点就是要明确消费者的诉求点。产品只有满足人们某种需求和使用价值时才有可能进入市场实现其交换价值。企业要审时度势地找寻市场空隙,寻求尚未被占领的市场空间。

  3. 整合优势资源

企业围绕市场切入点和策划主题,整合企业内外部优势资源,着力进行突破,逐渐形成自身的核心竞争力,为企业的进一步扩张奠定基础。

  4. 把握发展势头

企业的发展势头是企业发展的冲力、冲量,拥有进取、扩张的发展势头,在消费者心目中树立良好的企业形象,对企业的长足发展意义重大。

2.3 文化产业市场策略的设计

2.3.1 差异化竞争策略

差异化竞争是市场经济条件下企业的基本竞争策略之一,是根据不同细分市场的策划目标,设计差异化的产品或流通渠道,突出宣传产品的特殊性,确定其在市场中占据有利地位,增强市场竞争力的一种策略。

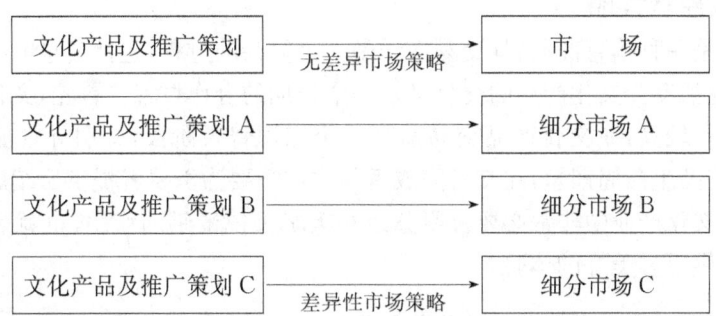

2.3.2 市场拓展策略

市场拓展策略是指企业在不改变产品原有性能的条件下,开拓新市场的战略,是一种多角度、多层次的延展战略。文化产业中市场拓展策略主要是在保持自身风格特点的前提下,通过积极拓展,扩大目标市场,塑造文化企业形象的策划方法。

经济全球化以及文化产业跨界融合的特点决定了开放和拓展是文化产业市场竞争的决定要素。市场拓展策略的策划依赖于文化市场本身的特征、各个市场的联系、市场竞争状态以及企业所具备的实力等条件。一般来讲,市场拓展策略适用于市场占有率和市场增长率都较高的企业。

2.3.3 市场渗透策略

市场渗透策略指实现市场逐步扩张的拓展战略,该战略可以通过扩大生产规模、提高生产能力、增加产品功能、改进产品用途、拓宽销售渠道、开发新市场、降低产品成本、集中资源优势等单一策略或组合策略来开展,其战略核心体现在两个方面:利用现有产品开辟新市场实现渗透、向现有市场提供新产品实现渗透。

市场渗透是文化产业市场战略的重要手段,是一种避开锋芒,在不知不觉中扩大市场影响的战略策划方法。在进行市场渗透之前,企业必须围绕某一产品市场组合,分析内外部环境,如市场需求、竞争局势、本企业经营的现状与未来发展趋势。

分析市场需求是进行市场渗透的第一步,现有的市场需求尚未得到充分满足是进行市场渗透的前提条件;产品市场上的竞争局势是影响企业渗透措施选择的主要影响因素;分析企业经营现状中是否存在的可改进之处是进行市场渗透的必然要求。

2.3.4 社会责任策略

文化产业是对精神文化产品和服务的生产和运作,文化生产的这种特殊性要求企业在进行创意和策划时不可急功近利一味追求经济效益,而必须保持高度的社会责任感,将企业的发展与社会文化的发展需要结合起来。同时文化企业注重社会责任也是企业打造自身品牌形象、获得持续增长和盈利的重要保证。

社会责任战略要求文化企业做到以下两点:

1. 明确自己的社会身份。对企业的社会身份和属性进行确立,对企业的核心价值进行主动设计和建构。

2. 坚持原则和底线。现代社会生活和文化形态的多样化让文化产业的发展更显复杂,文化企业应该自觉地维护和坚持艺术文化的底线和标准。

2.3.5 服务经营策略

文化产品是一种信息商品,其交易活动是一个复杂的过程,包括信息的开发、转让、咨询、服务及其他活动。文化产品的交易又是一个长期的合作过程。首先,文化产品的技术含量和知识含量较高,在文化产品交易前有一个知识普及阶段,即引导性服务阶段。其次,由于文化产品生命周期短,在交易完成后往往还需要为消费者提供后续服务。所以服务经营策略在文化产业中非常必要。服务经营策略重视情感的作用,也就是以良好的服务为消费者提供更多美好的体验。

> **扩展阅读2.3**
>
> **SERVICE 七要素**:"Service"英文原意为服务。美国康奈尔大学和日本的武田哲男分别提出过他们对服务的理解。
>
> Ⅰ 美国康奈尔大学
>
> S(Smile for everyone)微笑待客
>
> E(Excellence in everything you do)精通业务
>
> R(Reaching out to every customer with hospitality)亲切友善
>
> V(Viewing every customer as special)特别待客
>
> I(Inviting your customer to return)再度光临
>
> C(Creating a warm atmosphere)温馨氛围
>
> E(Eye contact that shows we care)目送关怀

Ⅱ 武田哲男
S(Sincerity, Speed & Smile)销售 3S(诚意、迅速、微笑)
E(Energy)精神振奋、活泼有力
R(Revolutionary)创新与突破,经常加入新鲜且革新的要素
V(Valuable)服务须是"有价值之物"
I(Impressive)服务须令人感动
C(Communicate)服务须以彼此沟通为原则
E(Entertainment)服务须以亲切的态度对待

通过对本章相关知识的学习活动及案例、训练,您的收获和启示是什么?请结合实践,谈谈您对文化产业市场策略创意策划的理解。(有条件的情况下可考虑进行小组讨论)

第三章 文化产品的创意与策划

导言

文化产业发展到当下,"内容为王"与"渠道为王"相结合已经愈来愈成为人们的普遍共识。其中,文化企业能否生产出满足文化消费者需求的文化产品,是文化企业能否在市场竞争中占据一席之地的基础。因此,对文化产品进行创意与策划,是文化产业策划的最基本组成部分。所谓文化产品的创意与策划,就是运用创造性思维,对人们文化生活的物质和精神需要,通过各种形态的文化产品内容和文化服务形式进行反复提炼和精心策划,将满足人们各种文化需求的产品符号转换成消费者认同的形象或意念的过程。

任务描述

- ☞ 学习掌握文化产品的内涵与特点
- ☞ 学习掌握文化产品的创意与策划:产品特色、服务项目、产品组合等

学习目标

- ☞ 了解文化产品的内涵及特点
- ☞ 熟悉文化产品的创意策划流程
- ☞ 了解文化产品的价格策划方法与策略

3.1 文化产品是什么?

文化产品(即文化商品),是指通过人们的劳动(包括脑力和体力的消耗)创造出来,用以满足人们精神文化需求的产品。一方面,文化产品和其他物质产品一样,都具有一般商品的属性。另一方面,与其他物质产品不同,文化产品是直接作用于人的精神层面的产品。

因此,文化产品的范围不同于一般的物质产品。既包括以物质形态呈现出的文化产品,如书刊、影像、绘画作品等;又包括看不见、摸不着的产品化的文化服务,如艺术家、表演家等提供的文化产品。因此,文化产品区分出广义和狭义的两种概念。广义的文化产

品不仅指文化产品实体本身,还指通过市场交换能够满足消费者某种精神需求和利益的有形物体与非物质性的无形服务的总和。狭义的文化产品则指文化艺术工作者通过有目的的艺术劳动创造出的,能够满足人们精神和心理需要的产品。①

> **扩展阅读 3.1**
> 　　文化产品在中国:历史上有过王羲之"书成换白鹅",厉归真曾卖画沽酒,画家颜平原卖画求米等故事。司马迁《史记·货殖列传》曾记载中山一带女子卖艺维生的文化经济现象,歌舞弹唱是我国历史上最初出现的文化产品。自汉代后,舞蹈、杂技、武术等各种表演艺术取得了很大发展。到宋代,杂剧、杂技、鼓子词、剑舞等演出剧种日益增多。到近代,昆曲、京剧等地方戏也都商业化。电影电视出现后加入了文化产品家族。而近年来计算机科技的发展使网络产品成了文化服务的重要内容。同时,随着人们生活方式的改变,旅游服务也加入了文化产业的洪流,文化旅游成为新的消费热点。

3.1.1 文化产品的结构

　　从文化产业的视角来看,文化产品可以区分为三个层次,即核心产品、有形产品和外延产品。核心产品是顾客购买文化产品所追求的基本效果和利益,是文化产品的使用价值,处于文化产品结构的最内层。有形产品是文化产品的中间层,指核心产品得以实现的形式或目标市场对某一需求的特定满足形式,包括文化产品的样式、包装、质量、品牌等,满足不同形式的消费需求。最外层的延伸产品,即是消费者购买文化产品时所获得的除产品实体和基本效能以外的服务和利益,以满足消费者更广泛的要求。

　　文化产业之所以在当下日渐兴起,其中一个重要原因就在于,人们的消费行为越来越多地与产品使用价值外的附加价值与情感需求相关联。因此,文化企业在激烈的市场竞争中,要树立文化产品的整体概念,既要提供有质量的核心产品,又要满足消费者对产品形体和服务等附加方面的要求,提升产品"附加值",提高消费者消费的满足感。如美国著名学者菲利普·科特勒所言,未来竞争的关键不在于企业能生产什么产品,而在于其产品所能提供的附加值:广告、包装、服务、用户咨询、购买形态等人们以价值来衡量的一切东西。

3.1.2 文化产品的特点

　　文化产品作为特殊的商品,具有其独特的特点,从总体上看包括以下几个方面:

1. 兼具商品和精神的双重属性

　　一方面,文化产品和其他物质产品一样,是为交换而生产的劳动产品,是价值和使用价值的统一,具有商品属性。另一方面,文化产品有其特殊的精神属性。从价值形态来看,文化产品和其他精神产品一样,无法计算社会必要劳动时间。从使用价值来看,文化产品的使用价值的实现与消费者的主观因素密切关联,不像一般商品那样通常具有相对恒定的使用价值标准。由于消费者观念立场和文化素质的差异,会对文化产品的使用价

---

① 方明光:《文化市场营销学》,上海交通大学出版社 1996 年版,第 127 页。

值产生迥然不同的衡量和评价。此外，文化产品的精神内容还具有社会意识形态性。

文化产品的商品、精神双重属性决定了文化产品的创作和生产必须遵循经济效益与社会效益相统一的原则。文化产品要面对市场，关注产品的经济价值和市场收益。同时，作为文化的生产和经营者，也必须重视精神产品价值的导向性，务求在创造经济效益的同时，创造良好的社会效益。

2. 产品的创意性

文化产业是一种创意经济。文化产品虽然同样是工业化生产的产品，但是和其他物质产品存在明显的差别。文化产品的生产凝聚着创作者的创新思维活动，其市场消费价值主要取决于创意的开发和效果。甚至可以说，产品的创意决定着产品的市场命运和企业的成败与否。

以网络游戏行业为例，网络游戏行业是近年来快速增长的文化产业领域，而在游戏领域，不到十家最大的游戏项目公司占据的是游戏市场90%以上的份额。其中的关键就在于，这些大的游戏公司和项目在内容领域拥有绝对的内容优势，其内容的饱满和更新频率让行业呈现出王者通吃的特点。同时，技术的创新对文化产品创意同样重要。以好莱坞电影为例，电影《阿凡达》在2010年获得了巨大的票房收入和成功，其关键就在于娴熟地在电影中运用了最新的3D技术，给消费者带来前所未有的观影体验，并从此将好莱坞电影带入3D时代，利用3D特效技术已成为当下好莱坞商业大片吸引人们的重要魅力源泉之一。

电影《阿凡达》海报及剧照

（图片来源：百度图片）

3. 产品价值的特殊性

文化产品的价值具有延伸性特点，所以其产品创意呈现出产业链的设计特点。我们都知道，文化产品的传播和消费不是一次性的使用过程，其使用价值不会随着消费行为的结束而即时消失。观众观看了一部电影，消费过程看似在电影结束后就完成了。但事实上，作为精神产品，电影中的精彩情节、故事、画面、人物都会在消费者的脑海中形成长时记忆,并可能产生更深远的影响。此外,同一个文化产品所带来的可能是反复消费和延伸消费。如经典电影《泰坦尼克号》就有观影者过百次的反复观看。

同样,一件文化产品的周边产品和延伸产品所带来的巨大商业价值早已为人们所关注。以动漫行业为例,动漫衍生产品是动漫产品最为重要的一部分,包括动漫相关的游戏、服装、玩具、食品、文具用品、主题公园、游乐场、日用品、装饰品等。可以说,它在生活中无处不在。曾有调查显示,2006年仅上海、北京、广州三地的13岁至30岁人群的动漫消费就达13亿元之多。在20岁以下的大中小学生中,87%的人群购买过动漫相关产品。

3.1.3 文化产品的设计准则

文化产品的设计是一个复杂的过程,包括对产品功能、结构、外形等的全面设计。设计者想要使其设计的产品获得市场的认可,必须在设计中遵循基本的设计导向。

扩展阅读3.2

"芭比"——不只是童话

芭比娃娃(Barbie)是20世纪最广为人知及最畅销的玩偶,由 Ruth Handler 发明,于1959年3月9日举办的美国国际玩具展览会(American International Toy Fair)上首次曝光。芭比玩偶由美泰儿公司拥有及生产。芭比娃娃及其他相关配件是以一比六的比例制作,此比例为娃娃屋模型的最大号,也称为 playscale。现在,"芭比"娃娃已经销往世界上150多个国家,总销售额超过10亿元。该产品被拍成一系列影视作品及周边产品,还改编了一系列小游戏。

芭比娃娃

(图片来源:Google 图片)

芭比娃娃的成功首先基于其独特的个性。"芭比"是玩偶设计业诞生的第一个活生生的女人,而不再是一个被动的小孩子。"芭比"的成人化设计打开了小女孩们的视野,她们可以通过"芭比"感知到幼儿园以外的世界,与"芭比"一起体验成人生活的各个层面。从海滩女郎到政治家,芭比变化万千的形象激发了孩子们的想象力,她们希望自己在长大后也能像芭比一样。

1. 独特性导向

要想在文化产品激烈的市场竞争中异军突起，独特性是文化产品不可或缺的基本特点。文化产品如果没有自身独特的个性，则意味着它失去了文化市场的"通行证"。产品的设计需要考虑消费者在文化消费中的个性心理需求。

2. 灵活性导向

文化产业是一个快速更新的行业。消费潮流的快速变化，消费者个性化趋势，消费结构的层次化和周期变化缩短等诸多因素，使文化企业必须具有高度的灵敏性。无论曾经怎样受消费者青睐的文化产品，如果一成不变就必然会被市场所淘汰，"以不变应万变"的经营理念在文化产业中必然失效。生产的灵活性是文化企业竞争实力的重要标志之一，也是文化产品在文化市场竞争的重要设计准则。

3. 心理功能导向

同其他物质产品一样，文化产品需要满足消费者的实用需求，但是更为重要的是，文化产品要给消费者提供心理功能，既要满足消费者的情感需要，也要给消费者带来感官上的愉悦和良好的情绪体验。

4. 优势化导向

文化市场自身的特点决定了无论企业的大小、强弱，都可能有吸引消费者的独特产品，在市场中占据一席之地。因此，在文化产品的设计就是要充分分析自身的优势和劣势，扬长避短，发挥优势，发掘市场空间，捕捉市场机遇。

3.2 文化产品包装的创意与策划

包装是品牌理念、产品特性、消费心理的综合反映，它直接影响到消费者的购买欲。包装是建立产品与消费者亲和力的有力手段，对于文化产品而言，包装与商品有时可以被视为一个整体。包装作为实现商品价值和使用价值的手段，在生产、流通、销售和消费领域中，发挥着极其重要的作用，是企业界、设计者不得不关注的重要课题。优秀的包装创意与策划可以保护产品、传达产品信息、方便使用、方便运输、促进销售、提高产品附加值。从某种意义上说，包装具有商品和艺术相结合的双重性。

3.2.1 文化产品包装策划的理念原则

消费者对产品的认识首先就是从产品包装开始的，因此文化产品的包装要以吸引消费者注意力、增加好感度、加快消费决策为目标，遵循以下策划理念。

1. 形象突出、个性鲜明

文化市场商品的极大丰富要求文化产品包装策划形象突出、个性鲜明。文化产品的消费带有很大的随机性，消费者很容易受即时情绪的影响而产生消费决策。因此，产品的包装设计要运用各种有效手段，以差异式、系列式、开窗式等差别性包装形式，反映文化产品的特性，生动地展现产品的个性差异。

2. 安全环保、艺术人性

确保商品和消费者的安全是包装设计最根本的出发点。在商品包装设计时，应当根据商品的属性来考虑储藏、运输、展销、携带及使用等方面的安全保护措施，不同商品可能需要不同的包装材料。目前，可供选用的材料包括金属、玻璃、陶瓷、塑料、卡纸等。在选择包装材料时，既要保证材料的抗震、抗压、抗拉、抗挤、抗磨性能，还要注意商品的防晒、防潮、防腐、防漏、防燃问题，确保商品在任何情况下都完好无损。现代社会环保意识已经成为世界大多数国家的共识。在保护生态环境潮流下，只有不污染环境、不损害人体健康的商品包装设计才可能成为消费者最终的选择。

同时，包装是直接美化商品的一门艺术。包装精美、艺术欣赏价值高的商品更容易从大堆商品中脱颖而出，给人以美的享受，从而赢得消费者的青睐。优秀的包装设计应当具有完美的艺术性。同时优秀的包装设计必须适应商品的储藏、运输、展销以及便于消费者的携带与开启等。为此，在商品包装设计时必须使盒型结构的比例合理、结构严谨、造型精美，重点突出包装的形态与材质美、对比与协调美、节奏与韵律美，力求达到盒型结构功能齐全、外形精美，从而适应生产、销售乃至使用。

Pentawards08 获奖作品——饮料包
（图片来源：百度图片）

3. 求新求异、视觉传达

求新求异是消费者的普遍心理，在这种心理支配下，消费者的行为不仅要求产品的性能特点具有时代感、新鲜感，对产品的包装特色也有十分强烈的需求。好的产品包装应强化视觉传达的理念。视觉传达的本质特点在于简单明了，过多的修饰内容只会造成互相干扰，使包装主题难以突出，不仅影响视觉冲击力，而且还可能误导消费者的思维。根据视觉传达规律，在商品包装设计过程中，应当尽量除去无谓的视觉元素，注重强化视觉主题，从而找出最具有创造性和表现力的视觉传达方式。

3.2.2 文化产品包装策划的要素和程序

产品包装设计的要素主要包括外形要素、构图要素和材料要素。

1. 外形要素

主要是包装的外形，包括展示面的形状、大小、尺寸的策划要充分考虑文化产品运输、储存、陈列、销售等因素，尽量做到结构合理、形态吸引。包装外形要素的形式美法则主要从以下八个方面加以考虑：对称与均衡法则；安定与轻巧法则；对比与调和法则；重复与呼应法则；节奏与韵律法则；比拟与联想法则；比例与尺度法则；统一与变化法则。

2. 构图要素

主要指将商品包装展示面的商标、图形、文字组合排列在一起的一个以不同色彩显示的完整画面。四个方面运用得适当美观，共同构成优秀的包装设计作品。具体而言：

（1）商标。要将文化产品丰富的内容以更简洁的形式在相对较小的空间表现出来，要有高度的内涵与强烈的辨识度，让消费者在较短的时间内理解并留下印象。商标可分为文字、图形和文字图形结合三种形式。一个成功的商标设计，应该是创意表现有机结合的产物。

Pentawards09 获奖作品——纸巾盒

（图片来源：百度图片）

（2）图形。作为设计的语言，图形要把产品形象的内在和外在构成要素表现出来，以视觉形象的形式把信息传达给消费者。要达到这个目的，图形设计的定位准确非常关键。设计者需要对商品的性能、商标、品名的含义及同类产品的现状等诸多因素进行研究。图形的表现形式既可以是绘画、摄影等实物图形，也可以是具体或抽象的装饰图形。

（3）色彩。色彩是美化和突出产品的重要因素，在包装设计中占据重要位置，它将整个画面的设计构思、构图精密联系起来。文化产品的包装色彩一般要求是色彩的过滤、提炼的高度概括。不同的商品有不同的特点与属性。设计者要研究消费者的习惯和爱好以及国际、国内流行色的变化趋势，以不断增强色彩的社会学和消费者心理学意识。

（4）文字。文字是传达思想、交流感情和信息，表达某一主题内容的符号，反映了包装的本质内容。设计包装时必须把这些文字作为包装整体设计的一部分来统筹考虑。文化产品包装设计中的文字设计的要点有：文字内容简明、真实、生动、易读、易记，字体设计应反映商品的特点、性质、有独特性，并具备良好的识别性和审美功能。同时，文字的编排与包装的整体设计风格应统一和谐。

3. **材料要素**

是指文化产品包装所用材料表面的纹理和质感。它往往影响到产品包装的视觉效果。利用不同材料的表面变化或表面形状可以达到产品包装的最佳效果。包装用材料，无论是纸类材料、塑料材料、玻璃材料、金属材料、陶瓷材料、竹木材料以及其他复合材料，都有不同的质地肌理效果。运用不同材料，并妥善地加以组合配置，可给消费者以新奇、冰凉或豪华等不同的感觉。材料要素是包装设计的重要环节，它直接关系到包装的整体功能和经济成本、生产加工方式及包装废弃物的回收处理等多方面的问题。

3.3 文化产品组合的创意与策划

产品组合,也称"产品的各色品种集合(product assortment)",是指一个企业在一定时期内生产经营的各种不同产品的全部产品、产品项目的组合。

3.3.1 文化产品组合及其要素

产品如同人一样,都有其由成长到衰退的过程。因此,企业不能仅仅经营单一的产品,世界上很多企业经营的产品往往种类繁多,如美国光学公司生产的产品超过3万种,美国通用电气公司经营的产品多达25万种。文化产业作为一个跨界产业,其产业的扩展性和延伸性决定文化产品组合的创意策划在文化产品设计中显得尤为重要。在对文化产品组合进行创意策划时,主要要考虑产品组合的宽度、长度、深度和关联度四个方面的要素。

1. 宽度指企业的产品线总数。产品线也称产品大类、产品系列,是指一组密切相关的产品项目。这里的密切相关可以是使用相同的生产技术,产品有类似的功能,同类的顾客群,或同属于一个价格幅度。产品组合的宽度说明了企业的经营范围大小、跨行业经营甚至实行多角化经营程度。增加产品组合的宽度,可以充分发挥企业的特长,使企业的资源得到充分利用,提高经营效益。此外,多角化经营还可以降低风险。

2. 长度指一个企业的产品项目总数。产品项目指列入企业产品线中具有不同规格、型号、式样或价格的最基本产品单位。通常,每一产品线中包括多个产品项目,企业各产品线的产品项目总数就是企业产品组合长度。

3. 深度指产品线中每一产品有多少品种。产品组合的长度和深度反映了企业满足各个不同细分子市场的程度。增加产品项目,增加产品的规格、型号、式样、花色,可以迎合不同细分市场消费者的不同需要和爱好,招徕、吸引更多顾客。

4. 关联度指一个企业的各产品线在最终用途、生产条件、分销渠道等方面的相关程度。较高的产品关联度能带来企业的规模效益和企业的范围效益,提高企业在某一地区、行业的声誉。

3.3.2 文化产品组合的形式

文化产品的组合形式主要可以分为以下几种:

1. 专业文化产品型,指文化企业生产某类产品的所有品种。如专门生产音像磁带、录影带以满足文化市场需求的唱片公司、影视公司,专门发行教育书籍的教育类出版社等就是这类产品组合类型。

2. 有限专业文化产品型,指文化企业生产某类产品中的部分品种。同样是音像制品,有的音像企业生产面向青少年的文化产品,而报刊类文化产品中,有许多针对不同目标群体,如女性消费者、青年消费者、中老年消费者等的不同类别。这种文化产品组合形式就是有限专业文化产品型。

3. 特殊产品专业型,指文化企业为满足文化消费者的特殊心理和消费需求,生产或提供某类较特殊的文化产品。如现在随着科技技术的发展,数字电视推出可由观众自主点播的电视节目,观众可以随时根据自己的需求点播不同的电视节目,就是这一特殊产品专业型。

广东省广州市番禺区数字电视点播界面截图
（图片来源：百度图片）

4. 市场专业型，即文化企业向某个专门市场提供本行业的成套产品。如专门向音像公司提供磁带、录影带等的磁带、录影带厂就是这类文化产品组合形式。

5. 行业全面型，指文化企业向市场提供本行业所生产的全部文化产品。如中国文化旅游业的龙头企业华侨城集团，集团旗下运营包括世界之窗、欢乐谷、东部华侨城、欢乐海岸、华侨城创意文化园等众多产品线，拥有庞大的产品组合宽度和深度。[1]

3.3.3 文化产品组合调整策略

随着文化企业的发展，为满足市场竞争的需求，企业的产品组合趋势往往日渐扩大，但当产品组合扩大到一定深度时，有可能对企业经营带来负面因素，需要企业及时采取相应措施进行组合调整。因此，文化企业需要根据市场变化，结合企业自身经营状况，对文化产品组合的宽度、长度、深度和关联度做出相应判断，进行适时调整，确立组合、调整策略，保持企业的持续快速发展。具体来说可考虑以下几种方式：

1. 扩大组合策略

扩大组合策略就是要开拓文化产品组合的宽度和强化产品组合的深度。开拓产品组合宽度是指增添一条或几条产品线，扩展产品经营范围；加强产品组合深度是指在原有的产品线内增加新的产品项目。具体方式有：在维持原产品品质和价格的前提下，增加同一产品的规格、型号和款式；增加不同品质和不同价格的同一种产品；增加与原文化产品相类似的产品；增加与原产品毫不相关的产品等。扩大文化产品组合，可以满足不同偏好的消费者多方面需求，提高产品的市场占有率；充分利用企业信誉和商标知名度，完善产品系列，扩大经营规模；充分利用企业资源和剩余生产能力，提高经济效益；减小市场需求变动性的影响，分散市场风险，降低损失程度。

---

[1] 方明光：《文化市场营销学》，上海交通大学出版社1996年版，第129页。

2. 缩减产品组合策略

缩减产品组合策略就是削减文化产品的产品线或产品项目，特别是取消那些企业利润小的产品，以便集中力量经营利润大的产品线和产品项目。缩减产品组合的方式有：减少产品线数量，实现专业化生产经营；保留原产品线，但削减产品项目，停止生产某类产品，外购同类产品继续销售。缩减产品组合，可以让文化企业集中优势资源和力量改进保留产品的品质；实现生产经营专业化，提高生产效率，降低生产成本；减少企业资金占用，加速企业资金周转，有利于企业向市场纵深发展，寻找更合适的目标市场。

3. 产品定位策略

产品定位策略包括两种类型：高档产品策略和低档产品策略。高档产品策略，就是在原有的产品线内增加高档次、高价格的产品项目。实行高档产品策略容易为企业带来丰厚的利润，提高企业现有产品声望，提高企业产品的市场地位，带动文化企业生产技术水平和管理水平的提高。采用这一策略的企业也要承担一定风险，高档产品不容易很快打开销路，可能会影响新产品项目研制费用的迅速收回。

低档产品策略，就是在原有的文化产品线中增加低档次、低价格的产品项目。实行低档产品策略可以借高档名牌产品的声誉，吸引消费水平较低的顾客慕名购买该产品线中的低档廉价产品，充分利用企业现有生产能力，补充产品项目空白，形成产品系列，增加销售总额，扩大市场占有率。但与高档产品策略一样，低档产品策略的实行能够迅速为企业寻求新的市场机会，同时也会带来一定的风险。如果处理不当，可能会影响文化企业原有产品的市场声誉和名牌产品的市场形象。

3.4 文化产品的价格策划

定价策略是"唯一能创造收入的因素，也是最灵活的因素之一"①。价格，作为市场经济环境下最屡试不爽的终极武器，其变化直接影响着消费者的购买行为，也关系到企业盈利目标的实现，同时也决定着企业的市场定位、品牌形象以及对社会的贡献等。越来越多的文化企业意识到，产品的价格制定已经成为企业进行决策的前提。价格策划成为文化产业策划中最危险和敏感的环节之一。如何在文化市场竞争中，把握市场规律和文化产品的双重属性，进行科学合理的价格策划，进行定价目标、方法和策略选择，是文化产品策划的重要内容。

3.4.1 文化产品价格的影响因素

一般而言，文化产品价格的制定要考虑可控因素和不可控因素两大方面。可控因素包括产品的生产经营成本、市场定位、生命周期、营销战略、盈利模式等；不可控因素包括市场的供求关系、行业竞争状况及文化产品自身的异质性等。

1. 生产经营成本是所有产品定价的最主要依据。生产和经营的固定和可变成本都可能会影响产品的价格。如生产设备的折旧、技术创新带来的设备更新等。企业应时刻

---

① 菲利普·科特勒等著，郭国庆等译：《市场营销管理》，中国人民大学出版社2002年版，第114页。

保持价格的敏感度,随产品成本的变化而变更价格制定。

2. 文化产品的市场定位对文化产品的价格也产生重大影响。一般目标市场较为大众化的产品价格定位较低,通过增大销售量获得收益;而定位较为高端、覆盖面较小的文化产品则可适当调高定价。如以都市白领的时尚杂志定价普遍较高,但因其目标客户的支付能力较高,所以产品同样能够获得不错的市场占有率。

3. 文化产品和其他产品一样会经历品牌的生命周期,而在不同的周期内,其产品定价也有相应调整。一般孕育期和幼稚期市场开发难度较大,在文化市场中甚至出现免费提供文化产品或服务,如以免费体验来争取潜在消费群体的现象。随着客户忠诚度的培育,产品进入快速成长和成熟期,利润便迅速扩大。当进入产品衰败期,产品的销售和利润便迅速下降。

4. 营销战略。随着文化企业的扩张,公司的营销战略也会做出相应调整,从而影响价格制定。一般而言,公司的总体经营战略是为了实现公司经营的总目标,所有的行动计划、策略都应与整体经营战略保持一致,维持企业营销形象的完整性。

5. 盈利模式。文化产品的定价策略与企业先期制定的盈利模式紧密相关,如网游产业就开创了互联网时代的盈利新模式。网络游戏一般在推出时都采取免费的推广模式,使用者免费下载游戏安装客户端即可体验游戏。但是,随着游戏的继续深入,用户就需要进行实际的消费行为,购买游戏"点卡"等。这类盈利模式通过免费推广在短时间内实现用户数量的迅速扩大,随后通过产品设计诱导用户进行消费,从而产生巨大收益。

6. 市场环境。文化产品进入市场,其价格和其他产品价格一样,受市场环境和供求关系的影响,随着市场环境的起伏而起伏。当同类产品供应增加时,产品价格下降,反之亦然。

风靡全球的网络游戏《魔兽世界》
(图片来源:百度图片)

7. 文化产品自身的独特性。文化产品和服务作为特殊的商品,具有鲜明的异质性,即独特性。独特性强的产品在竞争中具有明显的产品优势,便可以获得较大的定价优势,确立产品品牌。而品牌的确立又将使产品对目标市场的需求在一定程度上摆脱价格弹性,即价格的变化不易受需求量变化的影响。相反,缺乏独特性的文化产品往往在市场竞争中因为同质化替代品过多而失去价格主动性。

3.4.2 文化产品价格策划的策略和方法

1. 定价策略

文化产品的定价策略主要包括新产品的定价策略、产品组合定价策略、刺激性定价策略和价格调整策略等。

(1) 新产品定价策略

新产品的定价策略又可分为撇脂定价策略、渗透定价策略和满意定价策略。所谓撇脂定价是指在产品生命周期的最初阶段,把产品的价格定得很高,以攫取最大利润。"撇脂"原意是指取牛奶上的那层奶油,含有"取其精华"的意思。撇脂定价的条件:① 市场有足够的购买者,他们的需求缺乏弹性,即使把价格定得很高,市场需求也不会大量减少;② 高价使需求减少,但不致抵消高价所带来的利益;③ 在高价情况下,仍然独家经营,别无竞争者。高价使人们产生这种产品是高档产品的印象。

渗透定价策略是指企业把其创新产品的价格定得相对较低,以吸引大量顾客,提高市场占有率。渗透定价的条件:① 市场需求对价格极为敏感,低价会刺激市场需求迅速增长;② 企业的生产成本和经营费用会随着生产经营经验的增加而下降;③ 低价不会引起实际和潜在的竞争。

满意定价策略是一种介于撇脂定价策略和渗透定价策略之间的价格策略。其所定的价格比撇脂价格低,而比渗透价格要高,是一种中间价格。这种定价策略由于能使生产者和顾客都比较满意而得名。有时它又被称为"君子价格"或"温和价格"。

(2) 产品组合定价策略

产品组合定价策略主要包括生产大类的定价、可选产品定价、必选产品定价、附加产品定价、产品捆绑定价。刺激性定价策略则包括拍卖式定价、抢购式定价、团购式定价、会员积分式定价和与产品未来利润增长挂钩的持续回报式定价。此外,价格调整策略主要包括折扣和补贴定价、分层定价、心理定价、促销定价、地区定价和国际定价等。

2. 定价方法

具体而言定价方法主要包括成本导向定价、需求导向定价和竞争导向定价三种方法。

(1) 成本导向定价

成本导向定价是文化企业最常见、最基本的定价方法,其主要是以产品的成本为中心,分别从不同的角度制定对企业最有利的价格。

成本是企业生产经营过程中所发生的实际耗费,客观上要求通过商品的销售而得到补偿,并且要获得大于其支出的收入,超出的部分表现为企业利润。以产品单位成本为基本依据,再加上预期利润来确定价格的成本导向定价法,是中外企业最常用、最基本的定价方法。成本导向定价法又衍生出了总成本加成定价法、目标收益定价法、边际成本定价法、盈亏平衡定价法等几种具体的定价方法。

① 总成本加成定价法,把所有为生产某种产品而发生的耗费均计入成本的范围,计算单位产品的变动成本,合理分摊相应的固定成本,再按一定的目标利润率来决定价格。其计算公式为:

$$F = C(1+R)$$
P：单位产品售价
C：单位产品成本
R：成本加成率

采用成本加成定价法，确定合理的成本利润率是一个关键问题，而成本利润率的确定，必须考虑市场环境、行业特点等多种因素。某一行业的某一产品在特定市场以相同的价格出售时，成本低的企业能够获得较高的利润率，并且在进行价格竞争时可以拥有更大的回旋空间。

在用成本加成方式计算价格时，对成本的确定是在假设销售量达到某一水平的基础上进行的。因此，若产品销售出现困难，则预期利润很难实现，甚至成本补偿也变得不现实。但是，这种方法也有一些优点：首先，这种方法简化了定价工作，便于企业开展经济核算。其次，若某个行业的所有企业都使用这种定价方法，他们的价格就会趋于相似，因而价格竞争就会减到最少。再次，在成本加成的基础上制定出来的价格对买方和卖方来说都比较公平，卖方能得到正常的利润，买方也不会觉得受到了额外的剥削。成本加成定价法一般在租赁业、建筑业、服务业、科研项目投资以及批发零售企业中得到广泛的应用。即使不用这种方法定价，许多企业也多把用此法制定的价格作为参考价格。

② 目标收益定价法，又称投资收益率定价法，是根据企业的投资总额、预期销量和投资回收期等因素来确定价格。其中的关键是要计算出盈亏临界点，盈亏临界点的基本计算公式为：

$$Q = \frac{F}{P-V} \text{ 或 } P = \frac{F}{Q} + V$$

Q：盈亏临界点的销售量
F：固定成本
P：单位商品的价格
V：单位商品的变动成本

在计算盈亏临界点后，加上目标利润即可计算出产品的价格：

$$P = \frac{F}{Q} + V + E$$

E：目标利润

与成本加成定价法相类似，目标收益定价法也是一种生产者导向的产物，很少考虑到市场竞争和需求的实际情况，只是从保证生产者的利益出发制定价格。另外，先确定产品销量，再计算产品价格的做法完全颠倒了价格与销量的因果关系，把销量看成是价格的决定因素，在实际上很难行得通。尤其是对于那些需求的、价格弹性较大的产品，用这种方法制定出来的价格，无法保证销量的必然实现，那么，预期的投资回收期、目标收益等也就只能成为一句空话。

③ 边际成本定价法，是在市场需求曲线和厂商边际成本曲线给定的情况下，由两条曲线的交点来确定产品价格的方法。在竞争市场上，由市场需求曲线和市场供给曲线形成的均衡价格等于文化企业的边际成本，从长期来看，也等于企业的最低平均成本。这

样,边际成本定价一方面保证了企业获得最大收益,另一方面又保证了消费者能够获得低价,从而获得最大效用。所以,在竞争市场上,边际成本定价是符合帕累托最优条件的一种定价方法。但是,在自然垄断行业,由于厂商是在平均成本下降阶段进行生产,根据边际成本下降拉动平均成本下降,边际成本上升促使平均成本上升理论,此时,边际成本一定位于平均成本的下方。也就是说,按边际成本决定的价格一定小于平均成本。因此,厂商此时是亏损的,会退出生产。

(2) 需求导向定价

需求导向定价是指文化企业根据市场需求的强度和消费者的感受差异制定价格的方法。需求导向定价法能灵活有效地运用价格差异,对平均成本相同的产品的价格随市场需求的变化而变化,主要包括认知价值定价法、反向定价法和需求差异定价法三种。

① 认知价值定价法。文化产品或服务的消费往往带有强烈的主观感受性。认知价值定价法就是文化企业以消费者对产品的认知理解度为定价依据,运用营销策略和手段影响消费者对商品价值的认知,从而形成消费者对企业有利的价值认知,再根据文化产品在消费者心目中的价值来制定价格。运用认知价值定价法与现代市场定位观念具有高度的一致性,其关键是要确立产品与竞争产品的比较优势,找到准确的认知价值,确立产品的市场定位。

② 反向定价法。指文化企业依据消费者能够接受的最终销售价格,计算自己从事经营的成本和利润后,逆向推算出产品的批发价和零售价。这种定价方法不以实际成本为主要依据,而是以市场需求为定价出发点,力求使价格为消费者所接受。

③ 需求差异定价法。指企业根据市场需求的时间差、地区差、数量差、消费水平及心理差异来制定价格。如对购买数量大的消费者定价低,反之则高;在消费水平高的地区定价高,反之则低等。

(3) 竞争异向定价

竞争导向定价则指文化企业通过研究竞争对手的情况,依据竞争者的价格来定价。这种定价方法的特点是价格与商品的成本和市场供需不发生直接联系。主要包括拍卖定价法、随行就市定价法、主动竞争定价法等。拍卖定价法主要指卖方预先展示所需出售的商品,在特定的时间地点,按照一定的规则,由买方公开叫价购买的定价方法。这种方法一般出现在收藏品、艺术品等文化商品的交易中。

随行就市定价法,又称流行水准定价法,它是指在市场竞争激烈的情况下,企业为保存实力采取按同行竞争者的产品价格定价的方法。这种定价法特别适合于完全竞争市场和寡头垄断市场。

与随行就市定价法相反,主动竞争定价法不是追随竞争者的价格,而是以市场为主体,以竞争对手为参照物的一种常用的营销绩效定价方法。定价时首先将市场上竞争商品价格与企业估算价格进行比较,分为高、一致及低三个价格层次。其次,将企业商品的性能、质量、成本、式样、产量等与竞争企业进行比较,分析造成价格差异的原因。再次根据以上综合指标确定企业商品的特色、优势及市场定位,在此基础上,按定价所要达到的目标,确定商品价格。最后,跟踪竞争商品的价格变化,及时分析原因,相应调整企业商品价格。

通过对本章相关知识的学习活动及案例、训练,您的收获和启示是什么?请结合实践,针对一个你感兴趣的文化产品或服务进行产品设计。(有条件的情况下可考虑进行小组讨论)

第四章　文化品牌的创意与策划

 **导　言**

> 品牌作为企业最显著的符号和无形资产,其能量不可低估,品牌塑造及其价值直接决定企业利润的提升、产品的外延拓展和资本运营等诸多方面。因此,企业普遍都会将品牌的创意与策划作为重要的市场推广方式之一。品牌的概念在文化产业领域同样适用,文化品牌的重要性也被越来越多的企业所认知,充分预示着文化产业领域已进入到品牌竞争的高层次市场运作时代。文化品牌的创意与策划,就是通过应用各种有效手段和资源调配,迅速提高品牌的市场认知和赞誉,不断提升品牌含金量,从而提升文化产业的核心竞争力。

 任务描述

- ☞ 学习掌握文化品牌的涵义及特点
- ☞ 学习掌握文化品牌的塑造途径与要求

 **学习目标**

- ☞ 了解文化品牌的涵义、功能与价值
- ☞ 熟悉文化品牌的生命周期
- ☞ 了解文化品牌的策划途径和方法

4.1　文化品牌是什么?

英语中品牌(brand)一词源于古挪威语"brabdr",意为"打上烙印"。① 文化品牌,顾名思义也就是能让文化产品或文化服务在受众层面留下印象的符号,它既是区别于其他企业的独一标识,也代表该产品功能、服务、消费者感受等一系列附加价值。在广义上说,文化品牌是一个复合概念,涉及营销学、管理学、设计学及传播学等学科研究的诸多要素。

---

① [英]保罗·司徒伯特编,尹英等译:《品牌的力量》,中信出版社2000版,第2页。

文化品牌具有一般品牌所共有的特征：

1. 无形性。商标只是用于企业区分的表象，品牌的实质其实是一种口碑，它与产品的质量、性价比、服务或消费者感受等间接载体相对应。

2. 独一性。任何品牌只与一家企业对应，不存在一品牌同属多家企业的情况。对此，许多国家都制定有品牌商标法等专门法规以保护品牌。

3. 经济效应。有品牌的产品往往价格高于无品牌产品；知名品牌产品价格远高于一般品牌；普通产品贴上著名品牌标签，其价格往往大幅提升。

4. 不确定性。品牌的价值是难以确定的，它在一定程度上取决于企业对品牌的设计、经营、培育和推广，以及消费者的市场认同程度，品牌评估是一个复杂的过程。

然而有别于一般的产品品牌，文化品牌是应用于文化产品或文化服务的特殊品牌，具有其自身的特点。

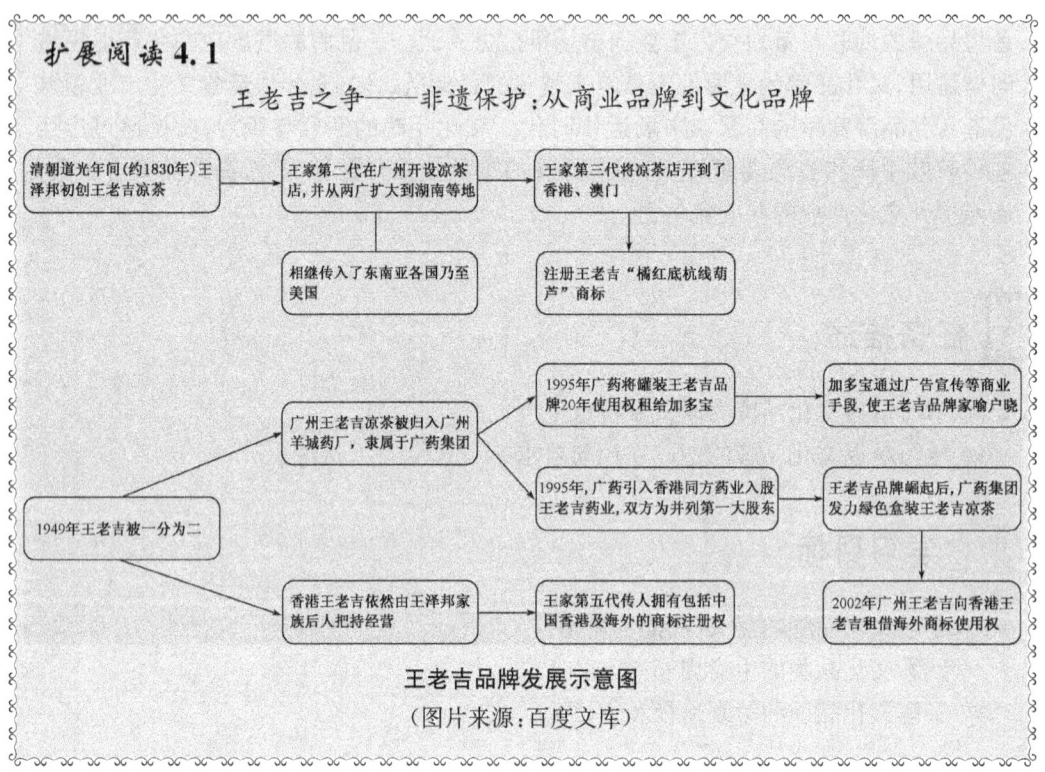

扩展阅读 4.1
王老吉之争——非遗保护：从商业品牌到文化品牌

王老吉品牌发展示意图
（图片来源：百度文库）

4.1.1 文化品牌的特点

文化品牌，对外是引发消费者产生共鸣和推动企业价值取向的催化剂，对内则是企业与员工进行沟通和激励的磨合剂。它的精髓是以理性的诉求强调功能性利益，是以刺激与品牌内容相联系的情感认同达到树立文化品牌形象的目的。①

有别于一般品牌，文化品牌具有其自身的特点，可以归纳为以下两个方面：

1. 文化品牌在很大程度上所引发的是"眼球"经济，或者说"注意力"经济。一个成功

---

① 蔡嘉清：《文化产业营销》，清华大学出版社2007版，第157页。

的文化品牌可以让消费者集中、持续的获取相关信息,并且注重文化产品的附加价值和后续服务。以当下的传媒业态为例,纸质媒体、电视媒体、广播、互联网、手机等都在为争夺受众资源而展开激烈的竞争,这在本质上是一种文化品牌的竞争。文化品牌对于受众的吸引,很大程度上决定了发行量、收视率、点击率和广告收入。受众对这家品牌的偏好和信任,往往意味着该品牌在报导质量、公信力、个性化等方面经营得更为优秀。

扩展阅读 4.2

文化品牌案例:凤凰卫视

说到凤凰卫视,观众很容易从这个品牌联想到许多。从节目角度,容易联想到《凤凰大视野》、《冷暖人生》、《锵锵三人行》、《鲁豫有约》等知名栏目;从主持人角度,容易想到吴小莉、窦文涛、陈鲁豫、胡一虎等知名主持人;从传播内容来说,容易联想到"9·11事件"第一家直播的华人电视台、香港回归36小时不间断直播等电视事件;从媒体特性来说,观众容易想到它"真实"、"可信"、"客观"、"及时"等特点。一旦面临重大突发事件时,观众容易先想到凤凰卫视;想要获取最新资讯、国际时政、专家评论等信息时,许多观众也会优先选择收看凤凰。以上看点和个中联系,让凤凰卫视这一文化品牌具有了广泛的影响力和公信力。

凤凰卫视中文台图标、品牌栏目现场

(图片来源:凤凰网)

2. 文化品牌是一种能让受众产生信任感和持续使用欲望的内在气质。文化品牌可以让文化企业和它的产品更加个性化、更有魅力,成功的文化品牌经营甚至会演化为其消费者身份、地位和自身价值的标识。一方面,它在无形中为同类型、同等身份、趣味的消费者提供了参照物。另一方面,当受众在接触该品牌产品时,脑子很快就会浮现出该品牌的其他产品,并提前构筑出该品牌的大致形象和内在气质。

4.1.2 文化品牌的价值

有别于一般产品,文化产品特有的精神属性,让消费者往往容易忽略或降低对其物质成本的关注,而改为更加注重其品牌价值。如果试图用商品价格去量化这种价值,一般有两种衡量标准:

一种是消费者购买文化产品或服务时的价格,也就是零售价格;另一种是品牌所有者将品牌在资本市场上出售时的价格,即产权价格。零售价格往往依靠产权价值支撑,就是说文化品牌的价格与其价值是成正比的,两者相辅相成。在打造文化品牌的过程中,既可以是将企业打造成名牌,也可以是产品的名牌化。

尽管可以用市场价格进行衡量,但在本质上,品牌价值是文化产品或企业的一项重要无形资产,它很大程度上反映了文化企业的综合实力。从1993年7月起,中国新会计制度已正式将企业声誉和商标价值作为无形资产科目,纳入财务核算体系,品牌价值无疑是其中最能体现企业及产品影响力的因素。文化品牌价值具有动态量化指标和未来期望值的特点。

首先,文化品牌价值是一个量化指标,可以采用数字进行评估。当下国内外大多评估机构普遍采用量化指标来评估品牌价值。作为量化指标,文化品牌价值是一个动态量化指标,受市场反映所影响。当企业实力提升,文化产品市场占有率提高,产品利润增加时,文化品牌价值会相应增加;相反,当文化产品市场表现不佳时,品牌价值会随之贬值。消费者对文化产品的兴趣、态度或审美取向发生改变时,同样会影响文化品牌的价值。比如随着现代社会市场竞争加剧,人们工作和生活压力加大,一部分消费者会对文化产品市场上轻松、休闲类的产品更感兴趣,这时候主打该类型产品的文化品牌价值往往会随着消费者的追捧而实现品牌价值的提升。

由此可见,在打造文化品牌的过程中,传统产品经营中单纯倚重产量及利润的模式并不适用,必须时刻与市场、消费者动向相结合,以动态、发展的眼光和科学管理模式在市场竞争中塑造文化品牌。

> **扩展阅读 4.3**
>
> **文化品牌量化:《中国500最具价值品牌》**
>
> 2012年6月,世界品牌实验室(World Brand Lab)在北京发布了2012年(第九届)《中国500最具价值品牌》排行榜。在这份基于财务分析、消费者行为分析和品牌强度分析而获得的中国品牌国家队阵容中,CCTV、凤凰卫视和《人民日报》位居传媒领域前三位。从品牌价值角度分析,这些品牌已经迈进世界级品牌阵营。
>
> | 排名 | 品牌名称 | 品牌拥有机构 | 品牌价值 | 主营行业 | 影响力 |
> |---|---|---|---|---|---|
> | 4 | CCTV | 中国中央电视台 | 1546.72 | 传媒 | 世界 |
> | 45 | 凤凰卫视 | 凤凰卫视控股有限公司 | 272.35 | 传媒 | 世界 |
> | 70 | 人民日报 | 人民日报报业集团 | 175.86 | 传媒 | 世界 |
> | 103 | 广州日报 | 广州日报报业集团 | 126.27 | 传媒 | 中国 |
> | 105 | 参考消息 | 新华通讯社 | 125.72 | 传媒 | 中国 |
> | 113 | 江苏省广播电视总台(集团) | 江苏省广播电视总台(集团) | 120.68 | 传媒 | 中国 |
> | 115 | 湖南广播电视台 | 湖南广播电视台 | 119.58 | 传媒 | 中国 |
> | 132 | 羊城晚报 | 羊城晚报业集团 | 107.26 | 传媒 | 中国 |
> | 135 | 浙江广电集团 | 浙江广电集团 | 105.81 | 传媒 | 中国 |
> | 137 | 新民晚报 | 文汇新民联合报业集团 | 104.29 | 传媒 | 区域 |
>
> **中国500最具价值品牌:传媒前十排名**
>
> (图片来源:百度图片)

其次,文化品牌价值还具有未来预估性。文化品牌价值不仅是对品牌基于现有市场表现的一种评估,也是对品牌在未来市场表现的预估。如何利用现有品牌推出新产品打入未来市场,如何以买卖、兼并等市场活动进行品牌扩张,这些都有可能是文化品牌在未来市场上成长发展的表现。

文化品牌的价值产生过程,与品牌所有者、品牌使用者、品牌知名度及社会反应等因素紧密相关。

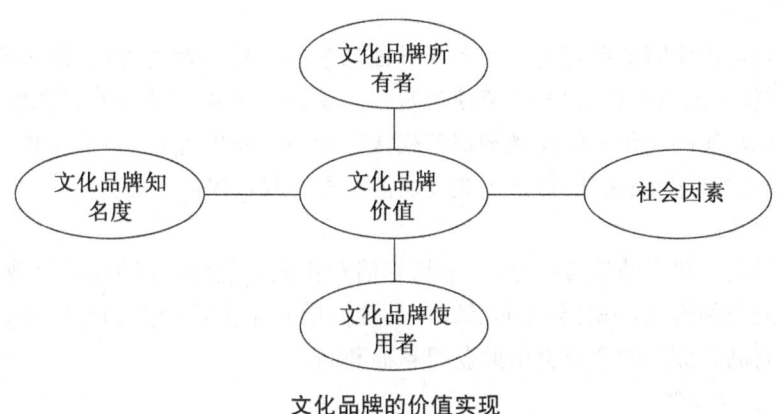

文化品牌的价值实现

1. 文化品牌所有者。文化品牌的所有者是进行文化产品生产、提供文化服务的企业、组织和个人,是文化品牌发展的主体。文化品牌所有者投入的资本和经营过程构成了品牌价值的基础;而品牌所产生的市场影响力,使得品牌所有者拥有独一无二、吸引消费者的优势,有利于所有者经营利润的扩大,并有通过买卖、兼并、联营等商业活动以扩大经营的可能。

2. 文化品牌使用者。文化品牌使用者是一切品牌策划活动的终极目标,没有一定数量或发展空间的品牌使用者群体,则任何品牌运作活动均无意义。文化品牌使用者包括产品消费者和品牌受许方两部分。对于消费者来说,品牌价值的存在让消费者对品牌的信任感提升,可以简化消费者购买过程中的识别、挑选过程,有利于降低消费者购买风险,并让他们在提高精神生活质量、获得身份认同等精神层面得到满足。而在品牌受许方层面,品牌价值的存在可以降低受许方经营管理风险,可以利用受许品牌在市场上的高知名度和美誉度吸引顾客,并利用品牌的资源、成本、营销模式、管理经验等优势,增加获利的可能。

3. 文化品牌知名度。文化品牌的知名度是品牌形象的基础,不为人所知的品牌没有价值,品牌知名度的高低反映了该品牌在文化产业市场中的地位和竞争能力。

4. 社会因素。社会是品牌生存发展的外部环境。文化产品或文化服务在打造品牌的过程中,不仅可以推动企业、行业在科技、管理、营销等领域的多方面发展,更可以上升到代表综合国力、提升民族形象等宏观层面。在全球化的激烈竞争中,世界各国对于名牌产品的保护和扶持都非常重视。

4.1.3 文化品牌的功能

在激烈的市场经济竞争中,文化品牌的打造对于企业占领市场、发展用户和扩大经营有着重要的意义。文化品牌功能大致如下：

1. 产品标识与认知

对于消费者而言，文化品牌代表产品的唯一标识，代表该产品的功能、质量、包装等一系列特点，能够让人在海量商品中迅速识别并找到它。除此之外，在文化产品和文化服务消费领域，消费者容易对品牌形成一种抽象印象，这就是品牌认知。品牌认知浓缩了文化产品的外在特色和内在精神，使产品更为形象、简单、便于识别和传播。

2. 保障权益

文化品牌可以保障消费者与生产者双方面的权益。在消费者方面，品牌产品往往传递高性能、质量保证及企业信誉，能够使消费权益受到一定程度的保障。在生产者方面，由于通过商标注册的文化品牌受到知识产权法等相应法规的保护，有助于预防抄袭和假冒，使产品的独特性受到保证，保护了企业及消费者的双重权益。

3. 超值盈利

随着市场及消费者的日益成熟，认准品牌消费将成为趋势，在同等产品或服务领域，品牌产品或服务的价格，一般会比非品牌产品要高出几十个百分点乃至数十、上百倍，品牌企业或拥有品牌商品的企业会由此获得超额利润。

4. 刺激消费心理

文化品牌除了提供实体文化产品以外，更多的是依靠销售体验式的"感受"来获取市场和消费者的信任和青睐。由于成功的品牌形象容易让消费者形成品牌偏好和消费惯性，所以富有魅力的品牌会强烈刺激消费者的购买心理，拉动消费者的心理需求，从而引导消费者做出购买选择。

5. 促进产业革新

相较于一般品牌，成功的文化品牌由于具有一定的市场号召力和资源优势，会更容易实现产品更新和市场的扩张。将原有品牌延伸到新的领域或市场中，不仅能够压低风险，还能提升原有品牌的内涵和外延。经过周全的考量和运作，品牌还可以整合、延伸文化企业的价值链，在品牌生产者、上下游企业和品牌使用者之间做好连接。

扩展阅读4.4

品牌产业革新：第一财经

上海文广集团的"第一财经"是由上海电视台财经频道和东方广播电台的财经频率合并而成的一个传媒品牌。在该品牌统领的基础上，"第一财经"陆续搭建起包括电视、广播、报纸、互联网站在内的多重媒体平台，还涉足财经数据产品提供、财经公关服务等领域，实现人力、信息等多重资源的共享，成为跨媒体、跨行业的知名财经服务供应商。

上海文广集团"第一财经"图标

（图片来源：第一财经官方网站）

4.2 文化品牌的生命周期

塑造品牌是文化产业的关键,但文化品牌的打造不能操之过急,也不可能一蹴而就,因为文化品牌有其自身的发展规律,就像动植物一样,有孕育、出生、成长、成熟和衰退。了解其生命周期和变化规律,将有助于针对不同阶段制定出相应的发展策略。

4.2.1 文化品牌孕育期

如何尽快在消费者头脑中建立良好的产品第一印象,是文化品牌孕育期极为重要的任务。因为在这一时期,市场对于产品的认识度极低,营销成本相对较高而几乎无利润,但与此同时市场竞争程度也较低,所以合理的品牌推广规划会让品牌取得较为明显的市场化效果。

在这一阶段,企业的主要任务有:

1. 扎实做好产品研发。每一项新产品的推出都带有市场风险,所以在产品孕育期,要针对市场同类型产品做好调研,确立自己品牌的优势,在设计、生产和销售环节都做好协调工作;另外还要对产品的受众群做好详尽的调查,对消费者的消费习惯、喜好、期望值等心理因素都做到详尽的了解,以便为产品的研发提供充分的依据。

2. 为品牌想一个好名字。一个好的品牌名称,会对产品的推广起到极大的促进作用,它不仅突出了与产品的内在关联,使消费者清晰、迅速地捕捉到产品的性状、作用及精神内涵,还能够让消费者将品牌轻松留驻记忆,有助于进一步的传播和推广。

3. 迅速掀起市场风暴。抓住市场对于品牌的真空认知期,在极短时间内将品牌和产品概念灌输给消费者,在市场建立起品牌的正面形象,并激发消费者的购买欲望。

4.2.2 文化品牌幼稚期

刚刚推出的文化产品往往不够成熟和稳定,而市场对其接受度、消费者的满意程度也未必能够达到推广预期,因此这一时期的文化品牌策划必须注意如下事项:

1. 卖点清晰。由于产品刚刚进入市场,消费者对于产品的熟悉程度并不高,所以产品必须要有吸引消费者购买的亮点,或者是过硬的质量,或者是良好的服务等。

2. 主攻核心用户群。在市场和消费者仍在了解、认识新产品的阶段,可能只有一小部分消费者基于好奇对新产品感兴趣,在这一时期,文化品牌的推广策划应该针对最有可能对产品产生兴趣和购买欲的用户群而制定,再由此推广、拓展用户群。

3. 制定促销战略。由于幼稚期的新品牌着重于打造声势和眼球效应,所以完备的广告包装、促销活动策略是必需的造势手段。此外,对于中间商的说服和一定的让利、适当的高价策略也是可以考虑的促销方式。

4.2.3 文化品牌成长期

经历了新品牌的孕育和推出,市场对于该品牌已经有了一定的认识,消费者需求和产品利润也相应提升,而在这一阶段,市场的同类型产品也进一步增加,品牌面临激烈的竞争。因此这一阶段的任务已不同于早前阶段,如何在激烈的竞争中争夺市场份额,并满足消费者在产品基本需求以外的进阶和特殊需求,是文化品牌在这一阶段拓展市场的策略重点。

1. 保证用户持续的消费欲望

如何让产品在前阶段吸引的客户成为回头客,并促使他们反复购买,让利促销是最简单直接的手段。给中间商折扣,可间接让消费者感到该品牌的附加价值远胜于自己原先熟悉的品牌,从而对新品牌产生购买欲。

然而在这一阶段,最根本的策略还在于提高产品的核心竞争力。因为一旦产品在市场上取得一定的成功,同类型产品、跟风产品很快会蜂拥而至,持续的创新研发、提高产品的核心竞争力,并在法律层面对品牌做好保障,是保证消费者忠诚度的关键。

2. 建立用户与品牌之间的精神关联

对于文化产品和文化服务而言,消费者在购买该类产品或服务时,会表现得相对更为"非理性",所以在市场初步获得成功后,在品牌和用户之间建立起某种精神关联,产生精神层面的共鸣,进而让客户对品牌产生一定的信任和依赖,会有助于维系客户和品牌之间牢不可破的购销关系。

扩展阅读 4.5

品牌精神关联:苹果"教主"乔布斯

作为麦金塔电脑、iPod、iPhone、iPad 等知名数码产品的缔造者,苹果公司创办人乔布斯被认为是计算机业界与娱乐业界的标志性人物。他对于新技术的狂热,对于高品质近乎偏执的追求以及激情与傲慢并存的个人魅力,催生了一大批拥有类似价值观的苹果产品忠实粉丝。他们奉乔布斯为"教主",对乔布斯手底下诞生的电子产品狂热追捧,近乎无条件的信任并购买,也让乔布斯任 CEO 期间的苹果公司成为世界顶尖 IT 公司。

苹果公司创始人乔布斯
(图片来源:Google 图片)

3. 重视品牌的进阶发展

随着产品市场占有率的提高,品牌的知名度和影响力都在进一步的扩大,此时企业应该对品牌进行进阶发展,比如生产的规模化,销售及售后网络的扩大化,追加投资,根据消费者需求推出新功能、新款式等。因为在这一阶段,产品的差异性往往成为品牌走向成功的重要因素。与此同时,在这一时期还可以持续加大宣传力度,突出产品特色及使用价值,使得客户形成品牌偏好,以便扩大市场占有率。

4.2.4 文化品牌成熟期

文化品牌进入成熟期,市场占有率和利润均趋于稳定,在市场拥有较高的知名度和忠诚度。在这一阶段,现有品牌已形成了强大的影响力,所以行业壁垒很高,新产品很难进入市场。而相应伴随的,是用户对品牌产品越来越挑剔,价格、服务的竞争越发激烈,新产品的研发难度也是大为增加。所以这一时期的发展策略应该针对于如何延长品牌成熟期。

1. 品牌的个性化。随着品牌的发展成熟,市场上同类型产品也会相应增多并更为细化,这促使企业对产品进行持续的革新和扩展,并对服务水准紧抓不懈。在这一阶段,新产品、副产品的研发往往讲求个性化和差别化,以满足消费者日益挑剔的使用需求。

2. 满足老客户先于争取新客户。在文化产品成熟期,一部分消费者对于品牌的忠诚度较为稳定,并产生一定的信任感和依赖感,对该产品会有重复购买的意愿,并且不排斥其相对的各类营销方式。所以在这一时期,维持这一部分老客户,保持市场占有率,相比争取新客户会更有价值而且成本更低。

3. 价格战加剧,广告退潮。文化产品的成熟期,也是同类型产品市场竞争最为激烈的时期,产品已经为市场和消费者所认识,所以已经不需要像之前阶段做过多的宣传,取而代之以更为突出的企业文化、企业形象宣传或许更为有效。对于消费者来说,对该品牌认知之后,会对价格提出更高的要求,文化企业着眼于改进生产,节约成本以取得价格优势会更为有效。

4.2.5 文化品牌衰退期

文化品牌进入衰退期,产品需求及销量下降,利润缩小,伴随品牌影响力的降低,企业运营艰难,产品逐步淡出消费者视线,直至退出市场。在这一时期广告、公关等营销手段作用有限,企业更多应着眼于新产品的推出甚至打造新的品牌。

这一时期一般会面临两种情况,一种是产品尽管下滑,但市场仍旧有相对较为缓慢下滑的需求,那么文化企业可以考虑仍旧保持少量投入,逐步收缩撤离市场的策略。另一种情况则是产品已经利润极少,对其投入已对企业在其他领域的造成影响及拖累,则应该当机立断,尽早退出市场,以便能将人力物力投入到新的品牌中去。

4.3 文化品牌的策划

环顾错综复杂的商品市场,一个成功的文化品牌背后,必然有其独到的品牌策划方式,只有找到适合品牌和产品的策划方法,才会让品牌和产品保持长久的市场竞争力。本节主要就文化品牌策划的基本要求和途径进行论述。

4.3.1 文化品牌的策划要求

文化品牌的策划会遵循一定的基本条件,它们既与宏观的市场环境有关,也攸关企业自身的营造,文化品牌的策划要求如下:

1. 品牌意识的树立与深化。品牌意识是企业最为重要的经营理念之一,它涵盖了研发创新、品牌形象、追求卓越和现代营销观念等内容。文化企业想要在市场上竖起自己的品牌大旗,企业内部从管理层到基层员工,都必须树立起强烈的品牌意识,并将品牌意识贯穿在研发、销售、服务等每一个环节。

2. 紧扣核心竞争力。"就品牌论品牌"的空谈对于文化品牌打造无益,品牌策划的重点是找准品牌和产品的核心竞争力,一切围绕核心竞争力进行策划。因为核心竞争力是企业最为独特、最有持续性和市场最为难以模仿取代的因素,每一个成功的品牌无不是围绕自己的核心竞争力进行策划及外延拓展。

3. 重视人才。相比于普通产品,文化产品和服务更具个性化和独特性,所以文化品牌的塑造很大程度上是基于优秀人才的独特创造,而企业的核心竞争力也是来自于人才的贡献。所以在文化品牌策划中,优秀人力资源的重要性不言而喻。

4.3.2 文化品牌的策划途径

品牌策划是塑造品牌的重点,文化品牌的策划方式和途径千变万化,究其核心,它们都基于满足消费者需求的标准,注重用户体验和精神层面的感受。以下将就文化品牌策划途径的基本思路进行分析。

1. 定位文化品牌

文化产品和服务与消费者的精神生活息息相关,随着人们精神需求的多样化和个性化,文化产业市场的指向性越来越强,它的受众组成也越来越群落化。因此文化品牌必须对消费者进行市场细分,这就需要对文化品牌进行准确的定位,明确目标受众群,找准市场对应位置,从而确立品牌和市场份额。

一个成功的品牌,特别是文化品牌,归根结底都是建立于消费者的心理基础之上,所以文化品牌定位的关键,在于挖掘消费者的潜在心理价值,它在某种程度上比产品本身更加稳固和有力,直接扎根于消费者的潜意识,并指导其购买行为。所以找准影响消费者的意识途径,将有助于系统化文化品牌策略。

文化品牌影响消费者心理价值的潜在动机可分为:价值动机、情感动机、尊严动机、习惯动机和规范动机。它们所对应的文化品牌定位模式如下:①

	品牌定位策略	分　析
价值主导模式	诉诸需求的策略	激发并培养需求,消费者认为他的确需要但尚未满足这一需求,这种需求受到越多的刺激,他就越想满足,使品牌成为超值满足消费者需求的形象代言。
	诉诸引导的策略	把图像、声音、语言等所有感染心理的广告表现元素调动起来,有目的的引导出唯一的购买论点,使消费者在生活中遇到同类型产品时会联想到该品牌。
	诉诸情感的策略	向消费者说明,使用某品牌产品可以对个人或社会产生积极的情感作用。对个人的如轻松自然、自信独立、安全可靠等;对社会的如融合亲情、促进爱情、建立友情等。
	诉诸指标的策略	从某品牌产品概念中提炼出一个有说服力的核心特征与指标,使消费者得出此品牌功效优于其他产品的结论,每当消费者在可代替产品之间作选择时,会目标明确地去寻找那些拥有使他感到作出最明智决定的指标品牌,使品牌成为拥有这种质量指标的形象代言。

---

① 刘永炬、冯斐:《广告策划与创意:锁定目标与攻击方法》,企业管理出版社2001版,第62页。

(续表)

品牌定位策略		分析
情感主导模式	情感寄托策略	对消费者头脑中扎根的情感进行因势利导,刺激消费者头脑中业已存在的强烈的"情感结",与某品牌融合在一起
	创造憧憬策略	由于强烈的情感往往存在于被满足之间的悬念地带,将品牌利益与消费者的希望和追求联系起来,成功地表现该品牌可以达成消费者的诉求与化解他对生活的不满之情
	生活方式策略	品牌可以体现消费者梦寐以求的可以实现的理想生活方式,它是创造憧憬策略的延伸,是一种满足消费者全方位的、更具体的憧憬策略
	戏剧感染策略	借助戏剧式的成功情感模式,令品牌所传达的情感与消费者产生共鸣
尊严主导模式	体现身份策略	用品牌档次与特征传递出拥有者不同的社会地位,赋予消费者某种他想要的身份(在别人眼里),以使消费者通过使用某品牌的产品或服务有成功、价值被社会所承认的优越感与自豪感
	崇尚信仰策略	用一个简明扼要、不符合常规的信条标榜品牌内涵与理念,这个理念给消费者以积极的形象、个性与身份
	捍卫个性策略	通过品牌帮助消费者表达个性、凸显自我,被社会所注意
习惯主导模式	意识归类策略	按目标消费者的认识习惯类别,将品牌形象划归其中
	级别归类策略	为避免与现有产品产生激烈竞争,将品牌定位在差别化的更高的等级中去,通过分级,消费者的判断会习惯性地向正面或负面发展
	替代策略	激发消费者遗忘的习惯或将现有习惯延伸,让其产生"原来这样更好"的感觉
规范主导模式	合乎规范策略	向消费者声明,某品牌所宣扬的理念非常符合他的规范与价值观,挖掘基于规范的购买潜力和排除购买障碍,如环保、社会感、责任感、信守承诺等
	良心策略	呼唤目标消费者对他人家庭或社会的义务,借助品牌的内涵与产品的优势消除内疚感
	不和谐策略	每个人都力求自己的生活和个人规范与价值协调一致,否则,就会因不安而改变行为,借助这种心理,让消费者感到行为与价值观对立而不安,转而选择该品牌
	惩罚策略	戏剧性的渲染目标消费者只有选择某个品牌,才能达到对自己提出的较高要求与规范,如:呼唤自豪感、责任感、自尊心等

2. 建立文化品牌的企业识别系统

企业识别系统 CIS,全称 corporate identity system,是创立国际名牌的现代经营策略之一,也是一种以塑造文化企业形象为目的的组织传播行为。它将品牌的特征要素转化为统一识别系统,将其准确的传达、展示于公众,逐渐形成符合 CIS 设计的传媒组织形象。

CIS 由理念识别(MI)、行为识别(BI)及形象视觉识别(VI)三部分所组成。

理念识别:理念识别是文化企业定位所应具有的核心价值和独特个性,通常采用一句简短的口号表达文化企业的经营理念和价值取向。如凤凰卫视的"开拓新视野,创造新文化",迪斯尼乐园的"我们想要一个有意义的公园,一个使家庭团聚的地方",《纽约时报》的"刊登一切可以刊出的新闻"。

行为识别:行为识别主要表现为文化内容产品的策划和生产,其中特色产品是行为识别的重要内容,在信息多元爆炸的时代,产品的独特化、个性化作用凸显,如江苏卫视的大型婚恋交友节目"非诚勿扰",与现代生活节奏对接,为广大单身男女提供公开的婚恋平台,新颖的婚恋交友模式,精良的节目制作效果,得到观众和网友的广泛关注,在众多电视节目中脱颖而出。而在"非诚勿扰"走红后,江苏卫视又推出了一系列大型节目,如"非常了得"、"一站到底"、"梦想成

江苏卫视品牌栏目:《非诚勿扰》
(图片来源:百度图片)

真"等,相继受到欢迎,创下不错的收视,成功实现了文化品牌的辐射,让单一效应扩大化,成功地实现了品牌的扩展。

凤凰卫视台标
(图片来源:凤凰网)

视觉识别:视觉识别直接反应文化企业或产品的视觉形象,比如报纸的报头、电视频道的台标,栏目的片头曲等等。比如凤凰卫视的台标是一凤一凰,中国人自古将凤凰视为吉祥如意、和平安康的象征。一凤一凰,一阴一阳的两个主体像两团燃烧的火,极富动感地共融在一个圆内,既具直观性又有象征意。在图案上,凤尾和凰尾突出开放的特点,两个主体之间绝没有堵的感觉,是通气的。凤凰卫视总裁刘长乐说:"中国人喜欢讲阴阳八卦,如果被什么东西框住了,事业就不会有更大发展。因此设计上既突出交汇,更注意围绕一个'开'字做文章。"

3. 持续的品牌维护与创新

文化产业市场竞争日益加剧,品牌的生命周期相应越来越短,所以对品牌的持续的维护和创新尤为重要。

品牌的维护,就是指通过规范严密的企业制度和各种法律法规来保护企业的合法权益。建立品牌保护制度、不断提升品牌形象、熟悉各种品牌管理的法律法规,将有助于为品牌锁定更多的经济和政治利益。

品牌的创新,指的是针对市场变化,创造新的品牌,或者创造新的应用、产品类别、引进和转让品牌资产以实现品牌的管理活动;同时,也代指技术革新、创造出比竞争对手更为完善、全面的服务,满足使用者更高的要求。具体的表现可以体现为完善市场跟踪调查,及时发现市场变化及消费者需求,从而对文化CIS系统进行更新调整,加强与消费者的互动,从而实现自我超越。

通过对本章相关知识的学习活动及案例、训练，您的收获和启示是什么？请结合实践，针对一个你感兴趣的文化产品或服务进行品牌设计。（有条件的情况下可考虑进行小组讨论）

第五章　文化市场流通渠道的创意与策划

导　言

　　由于专业化生产能力的加强,社会分工日益精细,文化市场也随之扩大,大部分文化产品已经不可能实现从生产者到消费者的直接交易,而是必须依靠一定的销售路线,经过流通领域才最终将产品转移到消费者手中。因此,文化市场流通渠道的创意与策划成为文化产业运作的重要环节。

任务描述

☞ 学习掌握文化市场流通渠道的涵义及特点
☞ 学习掌握文化品牌的策划途径与方法

学习目标

☞ 了解文化市场流通渠道的涵义
☞ 熟悉文化市场流通渠道的类型
☞ 了解文化品牌的策划途径和方法

5.1　什么是文化市场流通渠道?

　　由光线传媒投资制作的电影《泰囧》,在2012年末的中国电影市场掀起一轮国产小成本电影狂潮。《泰囧》的票房总数突破12亿,成为首部10亿级票房的华语电影,并打破了3D版《泰坦尼克号》9.34亿的纪录,成为年度票房冠军。《泰囧》的巨大成功为其投资制作方光线传媒带来了超4亿的票房收益。然而,2013年3月

影片《泰囧》宣传照
(图片来源:百度图片)

2日,电影《人在囧途》的片方武汉华旗影视制作有限公司突然宣布状告《人在囧途之泰囧》片方光线传媒等四家公司。华旗影视称原告涉及"不正当竞争与著作权侵权"。此番版权争议的焦点不在过去时常出现著作权争议的编剧和导演方,却在投资、制作、营销方,由此可见文化市场中流通渠道的重要性正愈渐突出。

5.1.1 文化市场流通渠道的含义

所谓文化市场流通渠道,就是指文化产品从生产者向消费者转移过程中所经过的通道,以及在这个过程中所需的市场营销机构等。正确理解这一定义的核心包括:

1. 文化市场的流通渠道主要由参与文化产品流通过程的各类机构或人员(如生产者、代理商、批发商、零售商及消费者)所组成,他们是文化市场流通渠道的成员。

2. 文化市场流通渠道的起点是生产者,终点是消费者,这两者是构建一条完整流通渠道的必备要素。

3. 在文化市场流通渠道中,生产者向消费者转移产品,是以商品所有权的转移为前提的。产品从生产领域向消费领域转移时,至少要转移一次所有权。各种代理商虽然不直接购买所有权,但他们间接起到了转移所有权的作用。

4. 在文化市场流通渠道中,除了商品所有权转移形式的"商流"外,还有伴随着"商流"所发生的文化产品实物的转移,即"物流"。"商流"和"物流"相辅相成,但它们在时间和空间上,市场并不完全一致。

在复杂的商品交换活动中,成本和盈利都会受到某种特定流通渠道的影响,如果由文化企业独自承担市场推广职能,虽然能获得全部利润,但也必须为此付出相应成本。对于一些力求流通范围更广的文化产品和服务,其市场推广也可能会受到一定的局限。如果能够对流通渠道和环节进行周密的调查和策划,邀请有经验的中间商加入,不仅可以减少文化产品和服务的周转时间和运营成本,从而增加企业利润,同时也可为消费者带来实惠和便捷。在市场经济条件下,多数文化企业通过与稳定的批发商、零售商建立长期连续的合作伙伴关系,以规划出合理的文化产品和服务的流通渠道,建构顺畅高效的市场流通网络,制定与中间商双赢的市场策略,从而保证文化产业中市场流通渠道的良性运作。建立起完善的市场流通渠道网,有助于促进文化企业通过增加主要业务的投资,从而激发上下游行业的发展。文化市场流通的渠道设计涉及仓储物流、销售价格、返利管理、销售培训、销售服务、广告推广、品牌宣传等诸多因素,文化企业必须对主要行业的流通途径有足够认识,其中对中间商的选择尤为关键。

完善的文化市场流通渠道

5.1.2 文化市场流通渠道的功能

文化产业愈发达,相应产业分工愈细,商品和服务流通量愈大,市场渠道及中间商的作用也就愈发重要。流通渠道主要具有下列功能:

1. 信息反馈。由于中间商贴近市场,对消费者的特点及其消费需求有更好的洞察力,因而在市场信息反馈中往往起着至关重要的作用。流通渠道的每个环节都处在市场、客户、消费者和竞争者等因素的包围之中,并且时刻反馈着上述要素及其动态方面的信息。经过对这些信息收集、整理、分析和预测市场趋势,不仅使渠道成员高效、顺利地传输文化产品和服务,还能从市场的角度为产品创新研发和整体规划提出改进建议。

2. 交易协商。中间商集中了商品流通的三大要素:运输、仓储和顾客接触。因为文化产品的生产能力和顾客需求在频繁地发生变化,所以中间商需尽可能科学地安排库存,提供易于交易的各种条件。在很多时候生产者与中间商之间都会建立良好的合作关系,在产品的品种、价格、商标、包装、储存、结算等方面订立互惠互利的协议,有利于文化产品和服务所有权的不断易位和最终转移。

3. 分担风险。从事任何生产经营活动客观上都存在一定风险,当流通渠道由不同层次的中间商组成后,原本由生产商独自承担的全部经营风险便被分别转嫁到渠道成员间共同分担。这样在客观上有利于市场不同经营主体建立起互惠互利的双赢甚至是多赢的协作关系,有效地分解和降低了生产经营的风险,进而促进文化市场上产品和服务的高效流通。

分担风险的流通渠道

4. 便利购买。企业大多希望几次交易后就售出所有产品,而消费者则希望产品的品牌、颜色、规格和质量多样化以便进行选择,并且每次只少量地购买物品。有些制造商愿意在工厂里卖货,习惯于早九晚五的工作时间、简朴的固定设施、有限的销售队伍。而消费者则愿意就近购物,愿意在周末或傍晚去装饰考究的商店进行消费。因而,协调制造商与消费者矛盾的正是中间商所提供的便利服务。

5. 降低成本。中介商介入文化市场流通活动以后,会通过分类过程降低成本。分类过程由四个流通职能构成:积累、分配、分门别类和品种齐全。积累,就是将几家企业的小批量文化产品集中运送,从而降低运输费用;分配,是指将货物准确地送到各个消费者市场,减少库存积压,加速商品资金周转;分门别类,是将产品按级别层次分开,依质论价,合理制定价差;品种齐全,是指所提供的文化产品范围广,有利于增加消费者的选择余地。

6. 促进销售。一般情况下文化产品制造商和文化服务公司在寻找合作伙伴时,常常考虑更大范围内的广告促销。文化产品批发商则可能会协助零售商的地区性促销,与零售商共同承担地方性的广告市场推广责任。

可见,文化市场流通渠道的工作就是围绕商品从生产者转移到消费者的一系列运作流程,它执行着许多重要功能。除上面所述的六点外,还包括收集并分发市场营销环境中现有的和潜在的消费者、竞争者及其他影响者的信息;组织各种为吸引消费而设计的富有说服力的促销;达成有关产品的价格和其他条件的最终协议,以实现所有权的转移;通过订购,将消费者的购买意图传递给制造商等诸多功能。①

---

① 严三九、王虎:《文化产业创意与策划》,复旦大学出版社 2008 年版,第 112—113 页。

扩展阅读5.1

深圳文博会：由中华人民共和国文化部、中华人民共和国商务部、中华人民共和国国家新闻出版广电总局、中国国际贸易促进委员会、广东省人民政府和深圳市人民政府联合主办的中国(深圳)国际文化产业博览交易会(以下简称"文博会")作为中国唯一一个国家级、国际化、综合性文化产业博览交易会，以博览和交易为核心，全力打造中国文化产品与项目交易平台，促进和拉动中国文化产业发展，积极推动中国文化产品走向世界。深圳文博会突出展示创意设计、新闻出版、影视动漫、非物质文化遗产、书画艺术、文化旅游、工艺美术等重点文化产业领域和代表行业水平的文化企业、产品和项目，以及文化出口品牌企业、产品和项目。深圳文博会目前已成为我国最大最重要的文化市场流通平台。

深圳文博会吉祥物"小水滴"

深圳文博会现场图

(图片来源：中国(深圳)国际文化产业博览交易会官方网站)

5.2 文化市场流通渠道的种类

文化市场中，文化产品和服务流通的形式不是固定不变的，地域、时间、消费形态的变化都可能导致文化企业对流通渠道的不同选择。当然企业市场战略的实施也将对市场流通渠道的选择起决定性影响。在实践操作中，大多数的文化企业都倾向于同时采用多样化而非单一的市场流通渠道。在文化产品的一般流通过程中，代理商、批发商、零售商、经纪商等均参与商品交换活动，在市场中起中介人作用。而正是这些中介人的不同作用和影响，构成了产品流通渠道的多种模式。

5.2.1 传统流通渠道与垂直流通渠道

按照流通渠道中各成员相互关系的密切程度可将文化市场流通渠道分为传统流通渠道和垂直流通渠道系统。

传统流通渠道。在传统流通渠道中，生产者和中间商联系较为松散，缺乏共同目标，各行其道，各自为政，相互间的交易关系市场建立在激烈竞争冲突上，因而生产者和中间商所对应的客户对象通常也不固定。传统流通渠道在很大程度上保持了企业的独立性,但却容易造成渠道成员间的矛盾冲突,从而影响市场整体运行效果。

垂直流通渠道。在垂直流通渠道中,渠道各成员之间联系合作,共同形成对象相对固定、目标相互制约、经营联系密切的企业共同体。在垂直流通渠道内部,虽然生产者、批发商、零售商、代理商各有分工,但不同程度的联合经营或一体化经营将有助于形成更为通畅的流通网络,从而使企业有可能实现规模经济,并展开更有力的对外竞争。

在垂直流通渠道中往往存在某一家或某几家企业在整个企业共同体中占相对优势地位,按照优势企业对渠道的控制程度,垂直流通渠道又可分为公司系统、合同系统和管理系统三类。

5.2.2 直接渠道与间接渠道

依据流通活动中是否存在中间商,可将流通渠道划分成两种最基本的类型,即直接流通渠道和间接流通渠道。

直接流通渠道指文化企业不经过中间商直接把产品销售给消费者。这种模式要求企业具备直接与文化消费者接触的能力,能通过自身运作影响消费者的购买行为。企业通常采取的流通行为包括:一是通过展销会等活动直销产品,二是通过自设营业网点直销其产品。

直接流通渠道减少了商品流通的中间环节,可以将中间商的需求直接转化为生产企业自身的利润。同时,直接流通模式让生产企业直接面对消费者,便于企业迅速、全面地了解消费者的需求,灵活地根据渠道反馈信息调节产品生产和市场策略。因此这一模式对于市场需求量较小、生产与消费合一、单位价值较高的小规模文化企业显得尤为重要。

与直接流通渠道不同,间接流通渠道则是企业利用中间商将文化产品销售给消费者。在这一模式中,生产企业和开发商通常会采取签署契约的方式以明确各自在产品流通中的权力义务等问题。

间接流通渠道因为有专业销售者——中间商的参与,将有助于生产企业的产品以更快捷、广泛和有效的方式接入流通领域,占领和巩固目标市场。同时,中间商的接入也可将生产企业从繁杂的流通事务中解放出来,集中精力专注于产品的研发和生产。

但是,在间接流通渠道中,由于中间商介入过程中将分割生产企业的部分利润,从而间接增加消费者的购买负担,这可能会引发消费者对产品价格的不满。同时,间接流通渠道对企业市场信息搜集的要求较高。如果选择的中间商比较专业,可以使市场的调研和反馈过程更加科学、周密,有助于企业制订产品策略;反之,一旦中间商提供的材料不够及时、准确,也会导致生产企业在市场竞争中处于被动地位。

5.2.3 宽流通渠道和窄流通渠道

根据同一层次中间商选用数目的多少,可以将文化市场流通渠道区分为宽流通渠道和窄流通渠道。

文化企业在产品分销过程中利用的中间商数目较多的称为宽流通渠道。这种流通渠道分销路线较为密集,可以覆盖较大的市场,使消费者接触市场的机会增大,有利于扩大产品销售。宽流通渠道适于单位价值低、市场需要量大、目标客户较为分散的文化产品,如图书、花卉、工艺制品、娱乐用品等。

文化企业在产品分销过程中利用的中间商数量较少的称之为窄流通渠道。这种流通渠道可以大幅减少推销分销费用和提高分销效率,同时也可调动文化消费者追求独特性的消费需求。窄流通渠道适于较昂贵独特、日常需求不太广泛的文化产品,如书法、绘画等。

对于大多数文化企业而言应当谨慎选择窄流通渠道,理想的中间商不易寻求,且流通网点少会损失部分消费者,因而可能给企业运作带来较大的营销风险。但是文化企业如果试图进入外地市场则应采取窄流通渠道,寻找少数享有良好声誉的中间商,为企业迅速打开销路占领文化市场。

5.2.4　长流通渠道与短流通渠道

流通渠道的长短取决于中间商的多寡。流通渠道的长短对产品到达消费者的时间起重要影响,且决定着文化产品的销售价格。

文化企业利用几个层次或环节的中间商来分销文化产品的渠道就是长流通渠道。最长的渠道是多层渠道,即产品从生产者经过总发行商、二级批发商、一级批发商、零售商等诸多中间环节才最终转达到消费者手中。文化企业只利用一个层次的中间商来分销文化产品的就是短流通渠道。文化产品目标市场较大较集中的企业较适合采用短流通渠道。另外如古董、字画等独一无二的昂贵文化产品,也应尽量减少中间环节,采用短流通渠道。

5.2.5　文化产品流通渠道与文化服务流通渠道

根据文化产品的种类,可将文化市场流通渠道分为文化产品流通渠道与文化服务流通渠道。共性在于都会借助于一定的流通渠道完成市场推进,生产商对中间商、流通路线与流通规划的策划有着相当重要的市场战略意义。

在文化产品流通渠道选择方面,除少数企业采用零售渠道以外,大多是雇用多层批发商来进行销售。一层渠道是在生产者与消费者之间加入一个流通中介机构,通常为零售商。二层渠道是在生产者与消费者之间加入两个流通中介,通常为批发商和零售商。三层渠道是在生产者与消费者之间加入三个流通中介机构,通常为总发行商、二级批发商和零售商等。

文化服务流通渠道中绝大多数文化服务项目往往采用在同一地点和同一时间进行的直销渠道,如各种现场演出、咨询服务、网络服务、现场直播等。此外,也有一些文化服务项目采取多层流通渠道。

5.3　文化市场流通渠道的应用策略

对于文化企业来说,选择合适的流通渠道是重要的问题。如果流通渠道选择得当,文化企业的产品就可以迅速地进入流通领域体现价值,还能降低销售费用,提高销售利润;反之,产品就会较长时间地停滞在文化企业,造成积压,影响企业的资金周转和再生产。因此文化企业必须结合实际情况,制订合理的流通渠道策略。影响流通渠道选择的因素一般可以划分为产品因素、市场因素和企业自身因素。

文化企业策划者应在对流通渠道影响因素分析的基础上,结合企业自身市场策略和营销目标,制定合理的渠道策略。

1. 选择性流通策略

选择性流通策略是指文化企业在一定区域内筛选部分中间商来经营自己的产品,这种流通策略是文化企业运用最多的策略方式。选择性流通策略的运用可保证文化企业集中有限的力量去认真管理少量的流通渠道,以加强对流通渠道的管理能力,更好地实现流通目标。

由于选择性流通策略中可选取的中间商数量较多,因而企业在寻找中间商时应挑选那些经营能力强、信誉出众、资金雄厚的中间商,建构双方共享利润、分担风险的合作关系。

事实上,具有良好形象和信誉的中间商可以给文化消费者较大的信任感和满足感,能为文化企业的长远营销活动打下更好的基础,是一种潜在的利润。南京先锋书店便是这种品质卓越中间商的代表。南京先锋书店(英文:LIBRAIRIE AVANT-GARDE)由南京大学写作班的毕业生钱晓华创办于1996年。先锋书店风格独特,在南京已经颇具影响,甚至被戏称为"南大的第二图书馆"。作为图书销售的中间商,先锋书店很好地沟通了消费者与作家、出版商的关系。在先锋书店的日常活动中,除了请作家签名售书,还会举办一些文化讲座、展览,乃至邀请乐队进行表演,吸引了不少读者前往参与。平时书店免费提供茶水、沙发、长椅等,环境典雅舒适,爱书人可以在此尽情阅读。目前先锋书店在南京有五台山、龙江两家书店,店内除书籍外还设有独立先锋创意馆,售卖创意商品、特色饰品等。五台山店有先锋艺术咖啡,供给饮料、点心等,亦设有专区可无线上网。先锋书店从硬件和软件的各个层面都为消费者提供了舒适的体验,从而也促进了店中商品的销售。

先锋书店五台山店外景·内景

(图片来源:维基百科)

2. 密集性流通策略

密集性流通策略是指文化企业通过最宽的流通渠道和尽可能多的销售点实现最大限度的产品销售。密集性流通策略适用于标准化程度较高的日常文化消费品,如书籍、报纸、音像制品、娱乐产品等。这类文化产品往往需求极大,目标市场范围广泛分散,如何保证消费者更便捷地购买是这类产品流通的重要诉求。因此,相关文化企业便可采用密集式流通策略,将相应产品在尽可能多的流通网点出售。

文化企业在采取这一流通策略所面临的一个困难在于,文化企业与中间商存在流通目标的不一致性。文化企业所关心的是自己的产品的流通性,希望中间商能够全力推销自己的产品;然而文化产品的中间商往往并不只销售某一企业的特定产品,因此他们所关心的不是某一种文化产品的利润,而是希望消费者在最短时间内将他们所经销的全部产品购买完成。因此,这一策略中的中间商往往不太可能为单个企业去全力推销文化产品。同时,密集性流通策略所涉及的中间商众多,也会增加企业的流通成本,削弱企业对流通渠道的调控能力。

3. 专营性流通策略

专营性流通策略是指文化企业在一定区域内选定某一家中间商独家专营自己的产品。专营性流通策略适用于市场需求较小、单位价格较高、个体生产或单件小批生产,以及知名品牌的文化产品经销。

专营性流通策略有利于强化中间商责任感和积极性,同时有助于生产企业对中间商的售价、宣传推广等活动进行有效控制,从而塑造和强化产品及企业的形象。专营流通使文化企业和中间商之间形成利益紧密相关的合作伙伴关系。目标的一致性将有助于两者保持良好的合作。但是,专营性流通策略的经营风险较大,如果文化企业过于依赖某专门的中间商,没有别的流通渠道来分担营销风险,一旦中间商营销能力不足导致营销失败,给企业带来的损失就是不可估量的。同时,专营性流通的直接影响是产品的市场覆盖面较窄。因此,文化企业要采取这种策略是存在一定风险的。

总体而言,文化企业进行产品流通渠道策划的目标是为企业选择最佳的流通梁道。企业必须在科学考察自身因素、产品因素和环境因素后,结合自己的营销策略和战略目标,经过综合评估,做出合理决策,采用流通费用少、流通效率高,并能取得较好的经济效益的合理流通渠道。

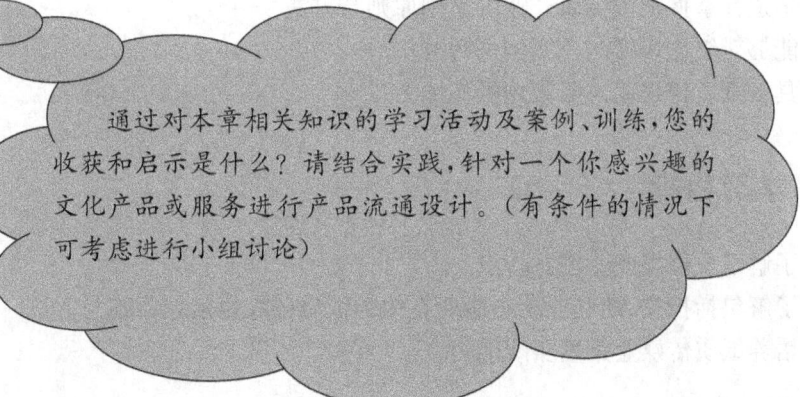

通过对本章相关知识的学习活动及案例、训练,您的收获和启示是什么?请结合实践,针对一个你感兴趣的文化产品或服务进行产品流通设计。(有条件的情况下可考虑进行小组讨论)

第六章　纸质传媒业的创意与策划

 导　言

> 纸质传媒产业,包括报业、期刊和出版业,是文化产业的重要部分。由于在文化产业中发源较早,纸质传媒产业也被称为传统媒体产业。随着新媒体时代的到来,纸质传媒产业面临的挑战和压力与日俱增。因此,在全新媒体环境下,对纸质传媒产业的创意与策划显得尤为关键。如何让传统媒体在新媒体冲击下焕发出新的生机,是纸质媒体从业者当前所面临的最紧迫问题。报业、期刊和出版业等不同行业类别所需的创意与策划也不尽相同。纸质媒体的创意策划者需要在制度、经营、业务、渠道等方面探索一系列行之有效的途径以解决产业现实问题。

 任务描述

- 学习并了解纸质传媒产业的现状和特点
- 知道并掌握纸质传媒产业的策划原则与方法
- 能够对纸质传媒产业案例进行分析
- 具备纸质传媒业实际策划操作能力

 学习目标

- 了解纸质传媒产业创意特点
- 了解包括报业、期刊业和出版业在内的纸质传媒业策划原则与方法
- 培养纸质传媒业策划实践能力

6.1 纸质传媒业概况及创意特点

纸质传媒产业是中国最成熟的文化产业,也是文化体制改革最前沿的产业。相比于其他文化产业,纸质传媒产业公信力强、权威性高。随着互联网、手机等的普及,纸质传媒产业遭遇新媒体的挑战。如何在挑战中把握住文化产业机遇,正考验着纸质传媒业策划人的智慧。

6.1.1 关于纸质传媒产业

什么是纸质传媒产业？简单地说，纸质传媒产业包括报业、期刊业和出版业。广义上的纸质传媒产业当然还包括产业链上游的造纸业、信息产业和下游的印刷业、发行业、物流业、媒介产品销售业、平面广告、发行和其他相关服务等，如下图所示：

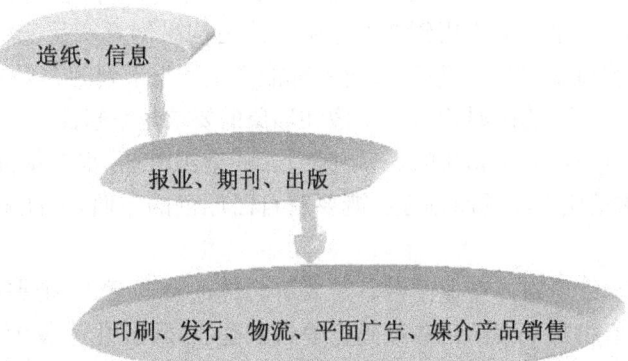

作为产业，纸质传媒产业如何盈利？纸质媒体的赢利主要是靠广告和发行，以及对媒介产品深度开发、媒介本身的跨行业经营等。在报业和期刊业中还存在着"二次销售"的现象。第一次销售包括信息产品以报纸或杂志为载体，被读者购买，媒介获得发行的收益；第二次销售包括媒介以产品或杂志为依托，将报刊版面卖给广告商，获得广告收入。例如，当你拿着一份售价1元的报纸，其中包含40多个版面的内容。每份报纸的印刷、发行成本远超过1元，但报纸可以通过在40多个版面中插入广告来盈利。报纸第一次销售，是将报纸卖给你，获得1元的毛收入。第二次销售则是将报纸版面卖给广告商，获得第二次利润。随着现代人阅读方式的转变和纸张原材料的涨价，报纸和期刊产业想要通过简单地二次销售来获得盈利已经变得捉襟见肘。产业的发展要求在销售中，产业创意人员需要更有创意地去设计产品的深度盈利开发。

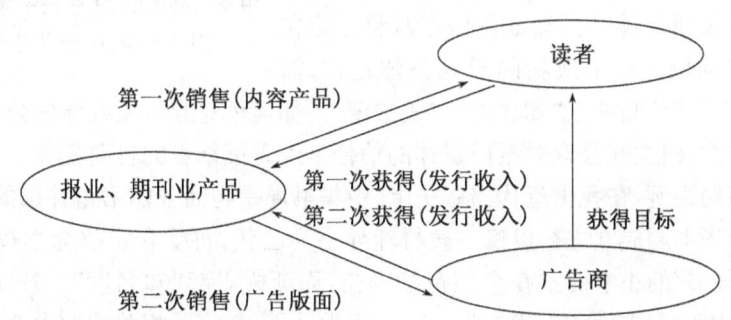

6.1.2 纸质传媒产业创意特点

让我们来设想，漆黑的雨夜，一个人开着一辆双人座的跑车行驶在郊外，突然前方出现了三个人要搭车：一个是曾经救过你性命的医生，一个是身患重病的老奶奶，一个是梦寐以求的情人。而这辆跑车只能搭载两个人，是搭医生，老奶奶，情人？如果你是一个好的创意人员，你会让医生开着跑车送老奶奶去医院，而你陪着情人在雨下漫步。有一定的策划思维，会让棘手的问题处理得巧妙而浪漫。

纸质传媒产业的策划也正如此,需要策划者有创意的策划,审时度势地采取最有效的战略和策略,帮助媒体在竞争中不断发展。纸质媒体产业创意,需要面向市场需求,在产品内容和经营管理方面提供创新性策略和构思。

纸质传媒业内部分为行政经营管理部门和编辑部门。行政经营部门负责整体部门的运作,编辑部门负责内容的更新。纸质传媒产业创意特点可以从这两个方面来谈。

在产品内容上,一是学会应用创造性思维方式去构思创意产品。从各个不同角度去思考问题,进行头脑风暴、归纳、概括、评价等都能产生意想不到的效果。二是采用形象新颖的表达方式。进入到"读图时代",对图像和形象的要求越来越高,一份极具美感的报纸排版,一份让人耳目一新的书籍装帧,一幅吸引人的杂志封面,都会提高纸质媒介产品的吸引力。三是注重纸质产品的原创性。既要有自己原创的东西,又能够将旧元素与其融会贯通。

在行政经营上,纸质媒体产业经营者需要有总体的全局意识,把握好自身媒体定位,贴近读者需求,完善自身采编队伍和鼓励竞争机制建设,科技化武装传播队伍,一体化运作传播机制,开拓新的文化产品样式,不断追求新的理念。

6.1.3 纸质传媒产业创意方法

纸质传媒产业创意策划方法,是指针对纸质传媒产业占有的新闻资源的选择、整合和传播方式的设计。例如对新闻信息、受众、人力、财力、物力、市场等综合性决策和创意。纸质传媒产业创意策划方法是一个系统性的工程。可以从宏观、中观和微观三个方面来谈纸质传媒产业创意的方法。

中华书局出版,古今图书集成(1934年)
(图片来源:中华书局官方网站)

1. 宏观进行整体定位

宏观策划是指对媒体整体定位和长远打算。媒介产品的受众是谁?以怎样的形式呈现?自身媒体与其他媒体的区别在哪里?都是在做宏观整体定位时需要考虑的问题。一个成功的宏观整体定位,需要做到三个"度","认知度"、"知名度"、"美誉度"。如何树立起纸质媒体的公信力、培养纸质媒体的差异性、建立起公众对纸质媒体的信任是宏观策划者的首要任务。

以中华书局为例,在我国近代出版史上,中华书局是与商务印书馆并称的全国第二大出版机构。中华书局成立之初以修订教材辅导书为己任,将受众定位为学校的学生。命名为"中华教科书"的小学课本在全国持续畅销,逐渐树立起"知名度"。1958年,中华书局成为整理出版中国古代和近代文学、历史、哲学、语言文字及相关的学术著作、通俗读物的专业出版社,出版了《资治通鉴》、《甲骨文合集》、《殷周金文集成》、《中华大藏经》、《王力古汉语字典》等经典图书。"二十四史"及《清史稿》点校本,被公认是新中国最伟大的古籍整理出版工程,在出版业中培养出其独特的"认知度"。长期以来,中华书局与一代代学者结下了深厚的学术情谊,如顾颉刚、陈寅恪、王力、于省吾、饶宗颐、季羡林等,不胜枚举。中华书局倚重这些学术名家提升了自身的学术品位和品牌价值,享受着出版界的"美誉度"。

2. 中观凸显产品风格

就像盖房子一样,在宏观上决定了在哪里盖房子,盖多高的房子,给谁盖房子。那么中观策划就要决定房子是什么风格的?房子内部应该如何构造?一个成功的中观策划,需要学会通过版块调度、版面设计、栏目编排、广告控制等媒体运作去凸显媒体的风格。

以《瑞丽》杂志为例,在创立之初,《瑞丽》给自己定下的杂志定位是东方风格、女性视角、实用导向。风格上,《瑞丽》系列巧借日本风格,服饰与美容是杂志的主要内容,并以衣饰的搭配为主要题材。通过多细节图片、详解步骤大的扮美方案,塑造出一个亲切、耐心的时尚导师形象。在版面设计上,形成图片为主、文字为辅、以图代文的表现形式。除整幅广告之外,期刊内还设置专栏,以专家推荐的方式介绍产品,读者可以按图索骥地找到产品的品牌和购买地,传递时尚资讯。从版面设计、栏目编排上逐渐树立起国内高端女性时尚期刊的品牌形象。

《瑞丽裳》杂志电子版

(图片来源:《瑞丽裳》官方网站)

3. 微观务求出奇制胜

微观策划是纸质媒介产品策划中最核心最基层的环节。一个纸质媒体创意的好坏的最直接呈现就是微观策划,即产品的具体内容。出色的微观策划不仅能实现宏观策划和中观策划的意图,丰满产品的形象,对受众的冲击力也不可小觑。要做到成功的微观策划,在方法上需要对产品内容进行雕琢,推陈出新。以《三联生活周刊》中对北京大雨的报道为例,2012年7月11日,一场暴雨侵袭北京。面对城市灾难报道,《三联生活周刊》立即推出《北京"7·21"特大暴雨全记录》增刊,全刊128页,搜集尽量多的珍贵照片,全本特刊并无广告,被赞为最人文的关注力量。在报道中,《三联生活周刊》不仅有北京暴雨救援全过程记录,还引申到极端气候与突发性灾难、暴雨下的北京交通难题、北京积水点调查等问题的探讨。整个特刊报道数据翔实、内容深刻,具有批判精神,避免了同质化的灾难报道,成为这次在灾难报道中的佼佼者。

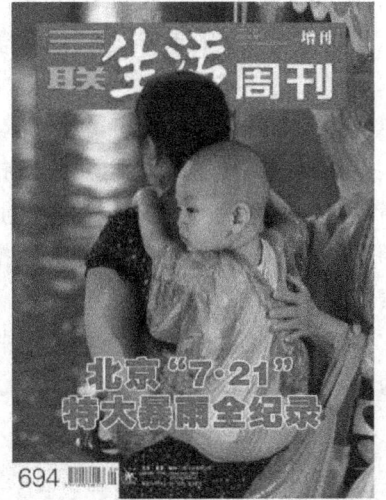

《三联生活周刊》封面

(图片来源:《三联生活周刊》官方网站)

6.2 报业的创意与策划

在纸质传媒业中,报业拥有最广泛的受众接触面。报纸的种类多种多样,按照出版时间可分为日报、早报、晚报、周报;按照发行范围,分为全国性报纸和地方性报纸;按照内容特征,可以分为综合性报纸和专业性报纸;按性质来分,可以分为党报、行业报、群众团体报等。

我国被认为最早的报纸是《邸报》,大约出现于唐朝开元年间,以传播朝廷发布的诏书、法令等政府文书为中心内容,读者是首都官吏。[①] 近代报业的发展先后经历了传教士来华办报、民族报刊兴起和新中国报业发展几个阶段。1996年中国第一个报业集团——广州日报报业集团成立,开启了中国报业产业化进程。"报业集团化"成为一种时尚,《南方日报》《羊城晚报》《经济日报》《光明日报》等报业集团相继成立。到2004年,国家有关部门成立的报业集团就达40家。2006年2月20日,我国第一张数字报纸在浙江日报报业集团诞生。在网络传播强势的时代,数字报纸已经成为一种必然趋势。如何实现传统报业与新媒体的结合,也成为报业创意与策划需要解决的一个难题。

6.2.1 报业创意策划的基础

在现代报业中,创意的主要人员主要包括总编辑、编委会成员、新闻采编部门负责人、版面主编等人。在报业的创意策划中,可以参考以下五个因素[②]:

1. 读者。读者是创意策划中一个复杂、多变的因素。读者的人数、年龄结构、职业结构、文化水平、收入水平以及读者对媒介的消费心理和行为等都是影响媒介产业发展,从而制约媒介策划的要素。

2. 报纸的控制者。报纸的控制者是指能够通过行政手段、法律手段或经济手段对媒介进行控制的组织及个人。媒介控制者的意志,以及有关政府部门对新闻媒介的管理法规和政策,是创意策划中必须考虑的要素之一。

3. 广告客户。广告是现代传播媒介的经济支点,说到底,报业人的衣食来源主要是广告收入,所以对广告市场份额的争夺在媒介竞争中不可避免,广告客户是报业创意策划中需要考虑的因素。

4. 传播中介。传播中介是指报业的传播载体,目前最主要的中介是通过报纸来传播。但是随着现代互联网和手机的普及,报业必须要创新传播中介才能跟上时代发展的脚步,例如现在许多大型报业集团推出的手机新闻客户端,就是在传播中介策划中创新的表现。

5. 竞争者。在报业创意策划中,还需要考虑到自己的竞争对手,要学会去寻找对手的薄弱环节,发现市场的空白点,从而选择适合于自己发展的正确战略手段。

拓展阅读6.1

一份报纸是如何产生的:每天早晨七点,送报员准时把报纸送到我们手上。看上去简单,其实这已经是报纸生产的最后一个环节了。究竟一份报纸是如何产生的呢?让我们一起来看看

---

① 李炎胜著:《中国报刊图史》,湖北人民出版社2005年版。
② 蔡雯、赵劲著:《新闻编辑案例教程》,中国人民大学出版社。

一份报纸的"诞生记"。

一张报纸的诞生要经过采写、编辑、排印、发行四个环节。采写：采访、写作报纸上的文字稿，拍摄新闻图片。编辑：将所有文字稿、图片及其他材料进行筛选、修改。如为新闻稿配标题，有的加上按语，配发评论。报社在进行版面编辑前，一般都召开"编前会议"，由负责版面的总编辑及各部门负责人、版面主编参加，就当天报纸的稿件、图片等交换意见，确定本期报纸特别是要闻版及头题的内容及基本形式。随后版面编辑会同美工等各种人员设计、组织版面，经由值班总编同意，即可发排。最新发生的重大新闻，应迅速写稿、冲洗照片，赶在截稿之前，选排版面。排印：胶版到机印车间，便立即上机，开印。每份报纸经过机器的裁切折叠，再经输送带传送、打捆，送到出报口。发行：印刷好的报纸，经过报社自营发行部门送至零售店、送报点，由售报员或邮递员送到读者手中。

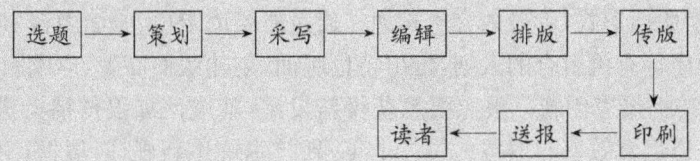

6.2.2 报业的策划路径

近年来，中国报业在发展中面临着巨大挑战，新媒体的快速崛起全方位分流了报业的读者市场和广告市场，传统的经营模式已难以保证可持续发展。与此同时，报业的人力成本、纸张印刷成本、发行成本不断上升。盈利模式单一、增长方式粗放简单等问题，导致报业集团持续发展能力不足、抗风险能力较弱。面对挑战，更加需要合理的报业策划来化挑战为机遇。报业策划的具体途径可以从资源整合、体制创新、品牌创新、内容创新和渠道创新等方面来看。①

1. 资源整合创新。报业的资源包括读者、信息、栏目和传播渠道。读者是报业的第一资源，他们既是报纸的终端消费顾客，又是报纸所拥有的最有价值的资源。新闻与信息是报业的第二资源，把信息分类、整理、嫁接，是报纸媒体有价值运作的资源。版面栏目是报业的第三资源，报纸的每个版面、每个栏目都是可利用、可开发的有效资源。传播渠道是报业的第四资源，报纸发行网络构成了报纸媒体的重要资源。将有效的资源进行组装、重组能够起到优势最大化的效果。加快资源整合，是报业优化资源配置、扩大和增强自己的经济实力，提升整体优势的有效途径。

2. 管理体制创新。管理体制包括报业治理结构、经营管理结构（采编、出版、发行、广告、增值业务）、人力资源管理等多个方面。完善管理体制创新需要实现报业治理机制创新、报业内部组织结构创新、报业内部人才资源管理创新。

3. 清晰的品牌形象创新。树立品牌形象可以结合外部环境和内部环境来策划。外部环境是指构成报纸生存环境的、与新闻产品直接有关的信息。它具体包括：（1）读者的

---

① 刘海贵：《中国报业发展战略》。

信息,即读者的构成(年龄、性别、地区、职业等)、文化水平、消费心理与习惯、对媒介新闻产品的评价等。(2)领导者的信息,即相关出版的政策、法规、管理条例,领导者对新闻产品的态度和意向等。(3)竞争者的信息,即竞争对手的现状与动向、竞争对手在新闻传播方面的经验教训。(4)相关产业信息,如新闻纸生产、现代通信设备生产等对新闻传播活动的规模、手段、效果产生直接影响的产业。

内部环境是指构成报业内部环境的、与新闻产品直接有关的信息。它具体包括:(1)资产信息,即现有固定资产规模、资金实力等。(2)技术信息,即现有技术设备、技术力量和技术水平等。(3)人才信息,即现有采编人员及其分工、人员素质、工作状态、心理状态等。(4)管理信息,即采编部门的设置,采编流程,人、财、物管理水平等。

4. 内容创新。要实现报纸内容创新,一是要提供差异化的信息内容,满足不同读者的层次需求。开发新闻报道的深度,深度开发新闻信息,大力挖掘新闻事件的根源,竭力报道厚重、可读、有较高关注度的新闻,都是报纸提供差异化信息、避免新闻同质化的手段。二是要创新版面形式,彰显内容影响力。通过对版面定位、版面内容、版面质量,版面形式、色彩及版序等有机组合的策划,推出特色版面,创建版面品牌,形成版面合力。

5. 多元化传播渠道创新。报业要想获得新发展,就应该加强传播渠道建设,调整渠道结构,提高渠道运营效率与效益。过去十年,新技术催生新媒体,微博彻底改变了传媒传统格局。我们仍需要清晰认识到,报纸专业、权威、全面的报道,是新媒体目前无法替代的。报纸仍是新闻业的核心能力。但是报纸也应该拓宽传播渠道,实现全媒体转型。

6.3 期刊业的创意与策划

期刊又称杂志。按照新闻出版署1988年8月24日公布的《期刊管理暂行规定》,期刊是指有固定名称,用卷、期或年、月顺序编号,成册的连续出版物。根据不同标准,期刊大致可以分为:(1)行业性期刊,这类期刊往往致力于某一具体行业,如《中国经理世界》、《中国石油化工》等。(2)时政新闻类期刊,这类期刊主要以时政新闻作为其主要内容,如《三联生活周刊》、《南方人物周刊》、《财经》等一些时政新闻类期刊。(3)纯商业化期刊,这类期刊占据了期刊业的大部分市场,比较成功的如《时尚》、《瑞丽》和《精品购物指南》等。(4)学术刊物,此类刊物不以迎合大众的嗜好和兴趣来谋利,主要以内容的品质和高水平的文章来争取读者,阅读者多为专业性知识分子。如《中国社会科学》、《中国科学》、《文学理论研究》等。(5)国外优秀期刊的中国版,这类期刊的大部分内容是国外优秀杂志的内容,并适当填充某些国内内容,代表性刊物如《哈佛商业评论(中国版)》和时代华纳旗下的《体育画报(中国版)》。

6.3.1 期刊业创意策划的基础

期刊出版企业的组织一般包括,编辑部、广告部、发行部、推广部和商业部。期刊的创意策划人员也分为大致这几类:编辑人员负责期刊的设计和创作编辑;广告部人员负责推销和经营期刊广告;发行部人员通过零售、订阅、免费发送等方法将期刊送到读者手中;推广部让广告客户、潜在读者更好地了解期刊;商业部负责账目管理等企业内部管理事务。要做到期刊的创意策划,期刊的创意策划人员需要做到:

1. 内容创新

内容创新包括以读者需求为中心,在保持刊物传统编辑方针基础上,不断创新内容,内容风格趋向细化,以保持刊物的长盛不衰。创刊于1963年的《故事会》是中国的老牌期刊之一,它是一本面向群众、具有浓郁的民间文学色彩又充满时代气息的通俗性、文学性刊物。《故事会》成功的原因就在于其内容的创新,采用老百姓喜闻乐见的形式,用白描手法刻画人物,结构明快简洁,故事完整连贯,使得读者喜欢看里面的故事。

2. 经营创新

经营创新是期刊业发展的关键,是促进发展的重要动力。期刊经营的创新要求把期刊业作为一个产业来对待,围绕内容产品这个核心,做好印刷、广告、发行以及网络等整个产业链的经营,并通过品牌影响向相关产业延伸,走产业化、集约化、多元化之路。创刊于1982年的《家庭》杂志,原名《广东妇女》,是广东省妇女联合会创办的。2002年1月25日,家庭期刊集团挂牌,《家庭》为实施品牌战略,打造媒体期间,制定了五大工程:继续发展以家庭为主题的期刊系列;将实用型的社会生活类期刊出版范围扩张到时装、家居、休闲、保健投资、理财等领域;筹办家庭出版社;以投资合作方式进入电视领域,利用现有品牌和实力投资经营音像公司;建立家庭信息网站,与有影响的电视台开拓媒体互动的新领域,积极开展多种经营活动等。《家庭》采用新的运行机制和管理模式,使家庭集团在"家庭"主题市场细分化方面跨出成功的一步。

3. 管理创新

管理和机制创新是期刊业的创意过程中最重要的一环,良好的机制能带来直接的经济效益。有一套先进的与社会发展相适应的全新管理体制、与现代管理相配套的高效运作模式,以及现代风格的人力资源管理模式,都是管理创新需要做到的。《中国广告》是中国国内历史最悠久的广告专业杂志,杂志一直致力于广告学、广告理论及广告相关学科的研究和探讨。杂志阅读群里71%是广告公司,20%是广告主,9%是广告学科师生及其他。根据杂志的专业性质,期刊在人才引入方面下了大力气。主编张惠辛1990年于上海师范大学中文系文艺美术专业硕士毕业后进入广告策划界,成为国内最早进行职业化运作的策划人之一,也是国内最早从事策划专业研究的学者。专家委员会以厦门大学新闻学院院长陈培爱为代表的学院派、麦肯光明广告中国区执行总监莫康孙为代表的实践派等组成,另外还享有中国新广告研究中心和上海大学影视学院广告系的智力援助。

4. 载体创新

在新媒体市场竞争已经十分激烈的情况下,如何实现平面媒体载体创新显得尤为重要。建立网络、创办电子杂志、开展网上互动、实现数据库营销都是期刊开拓载体创新的尝试。但如何探索更多期刊业载体创新的途径和方法,还有很长的路要走。《三联生活周刊》前身是邹韬奋先生在上世纪20年代创办的《生活周刊》,1995年由三联书店在继承传统的基础上于北京复刊。在发行上,《三联生活周刊》与三联书店积极互补,三联书店出版的图书借用周刊进行推广,同时周刊某些影响大的专题借由书店编辑成书进行出版,从而进一步扩大影响力和知名度。在开拓载体创新方面,周刊会定期开展全国各地"三联读者做客活动",利用《三联生活期刊》网站长年与读者和有关各方面保持交流和信息传播;开展全国重点城市推广宣传,定期举办"行业论坛"等活动;多媒体联合推广,与国家级、省市级电视台、广播电台、大型门户网站进行各方面合作,定期举办多种形式的广告客户推介会。

6.3.2 期刊业的策划路径

1. 品牌定位

期刊的品牌定位是指在策划时应该结合读者的阅读需求,确定期刊的编辑方针、经营策略与服务目标,树立自己特定形象和鲜明地位。期刊的品牌定位首先要做到文化市场的定位,明确期刊市场分类属性,了解同期期刊在市场出版、销售发行方面的情况及对期刊社会与经济效益作出的预测与分析。二是对阅读对象的定位,涉及期刊读者的文化层次、年龄结构以及对征订与购买阅读对象的调查研究。三是期刊内容与编辑文化的定位,即期刊种类型、内容与编辑人员的专业知识、业务素质的选择与培养关系。四是期刊品牌的定位,这也是期刊定位中最重要的一个环节。期刊品牌表现为刊徽、刊名、广告及一本本期刊所树立的形象,读者的精神体验以及所体现出来的文化价值,读者对期刊的认知、喜爱、忠诚以及对其核心价值的认同。

品牌期刊应该做到:高度重视质量和信誉;在内容、创意、手法、形态、风格等方面引领潮流;是由内在的丰厚底蕴与外在的完美风采结合而成的产物;能够给读者带来愉悦,并且善于将读者引入一个情趣相投、相互启发的"朋友"环境之中;它是应对国际期刊市场竞争的量级选手;是先进文化的标志;是参与社会变革、推动社会进步的舆论先锋。

2. 内容策划

期刊的内容策划包括选题策划、栏目策划等。选题策划:期刊选题是指在期刊中,编辑人员根据期刊的编辑方针与总体构思,为期刊的出版预先拟定的一个个书名、一篇篇文章题目。编辑选题首先要根据社会各方面的需求收集、积累信息,预先对作者的文章提出导向性的参考意见和初步的设计。在收到作者文稿后,编辑并对其稿件进行审理、加工。选题策划体现着刊物的办刊特色。栏目策划:每个期刊都会由不同栏目单元组成,栏目体现着刊物的办刊理念和编辑方针,也是读者了解期刊内容的"窗口"。期刊栏目策划需要展示与刊物特色密切相关的内容,栏目名要言简意赅,读者一看就明白。栏目刊物编辑要适时把握市场和读者的阅读需求,在确保刊物特色的主体栏目基础上,积极创新、超前、准确地策划出新的栏目,不断增添刊物的活力。

3. 装帧策划

一份载有高水平文章的期刊,倘若在装帧设计上博采众长、标新立异,那么刊物必然赢得更多的读者,产生更大的反响。期刊装帧策划包括封面设计、字体形式、图版比例、开本和纸张、印刷等因素。期刊封面设计应体现期刊个性特色。期刊版式设计不仅要具有版面艺术的形式美,又要具备辅助阅读功能的视觉美。刊物文字和图版编排的比例应对称协调,使读者获得最佳的阅读视觉效果。

4. 营销策划

不同类型的期刊有不同的营销策略。但期刊经营的总体思路应该是突出特色,打造精品,确立竞争优势,重视营销。学术类期刊可以搭建合作平台,在企业与高校、科研院所之间形成有效合作机制。商业类期刊可以在打造精品期刊品牌下,大力实施品牌多元化发展战略。

5. 数字化转型

新兴媒体迅速崛起,新媒体以锐不可当之势对传统媒体带来深刻而巨大的变革,它不仅对传统媒体的发展构成威胁、带来冲击,同时也给传统媒体在数字时代谋求突破性发展提供新的机遇。在新媒体背景下,期刊走向了新媒体转型之路。从简单复制、机械化,到二次创造,再到搭建咨询服务平台。高新技术日新月异,在数字技术、网络技术、信息技术这一强大力量的推动下,期刊业正在经历着数字化转型。传统期刊需要通过转变思维方式、培养数字化人才、打造完整统一的数字化流程、构建全方位的传播平台、生产适合数字化阅读的内容、创新盈利模式等方式实现数字化期刊转型。

6.4 出版业的创意与策划

广义的出版,是指出版物的编辑、制作与销售的整个过程。出版业则指由出版物和版权的生产、交易、服务等环节构成的产业链。图书是出版业最主要的出版形态。图书的生产与销售过程环节多、周期长,包括采集信息、选题、组稿、审稿、加工、装帧设计、发稿、校对、发行等工序。图书策划不仅是对选题进行策划,还包括对封面、版式、印刷、发行与销售等各要素、各环节进行策划。

中国图书出版业曾经历过爆发式的增长。但自2003年以来,我国图书出版产业发展过程中存在的盗版、盗印问题日渐凸显,加之互联网、通信技术、卫星传输系统等高新技术的发展,中国图书出版业面临困境重重,出版业要求得生存发展必须主动出击,成功的出版策划是出版业得以发展的动力。如何开拓图书市场、赢得读者、提高出版社知名度,以及如何应对新媒体技术的挑战,是出版业创意策划员需要解决的现实问题。

6.4.1 出版业创意策划的基础

出版业创意策划的内容极其丰富。出版业整体策划可以从环境分析入手、了解读者需求,进而进行产品定位与创意,加工生产,确定价格,选择分销渠道。

出版策划人即策划的执行者,是指出版社、出版社的责任编辑、作者、书商以及策划图书的工作室(即各种文化工作室、文化传播公司)。总体而言,出版策划人在图书出版策划时需要遵循以下原则:

1. 满足读者需求。图书在本质上是文化商品,兼具文化属性和商品属性,需要满足读者的文化消费需求,并通过市场交换为出版人带来经济利润。无论是作为文化产品还是商品,图书只有通过消费者购买、阅读才能实现其文化价值和商品价值,所以图书策划本质上需要满足读者的需求。如何来确定读者的需求并不是一件容易的事,除了要认真研究读者的心理之外,策划人还要时刻关注图书市场的变动,时刻了解图书的发行情况、图书各种品种的购买情况、图书销售排行榜、图书销售走势等。

2. 注重整体策划。图书出版活动是复杂的系统,需要不同操作人员的协作,如作者写作、编辑修改、美编排版、印刷工人印刷、媒体宣传、书店发行等。策划工作就是协调各个操作者之间的活动,尽量做到出版流程和出版物的完美,并取得尽可能多的经济收益。如果将出版活动比作人体的运动,那么策划人就是大脑,统一指挥着人的每一个细微运动。策划应是对图书出版流程的整体设计,而且这种设计不仅包括某本图书出版的微观设计,还包括对整个出版机构出版活动的设计。一名成功的策划人不能将眼光局限于某本书,而应当从出版机构的整体出版计划出发,从宏观角度来统筹各种、各类图书的出版活动。

3. 经济利益和社会利益的统一。图书不仅是商品同样也是文化产品,是人类文化生活中十分重要的精神食粮。它是知识的主要载体,在提高全民族人文、科学素质,培养人才方面都有巨大的作用,是推动现代文明不可或缺的重要因素。因此,在图书的策划过程中,策划人员不能只追求经济利益,一味地迎合读者的需求,特别是低俗的需求。策划人员在策划中,特别是在选题策划、内容策划中,一定要重视图书的社会效益,严把图书质量关,杜绝非法内容。出版策划人要清醒地认识到,只有能够带来较好社会效益的图书才能够得到读者的喜爱,也才会带来更大的经济效益。

4. 以创新为本质。图书的策划本质上是一种创新行为。所谓创新就是不重复别人,更不能重复自己。美国创新思维专家迈克尔·米哈尔科指出,创新就是发现别人看不到的东西,思考别人想不到的东西,发现你没有寻找的东西。每一本图书都是一种全新的产品,不仅在图书的内容上绝不允许雷同,在图书定位、选题角度、封面设计、版式风格、宣传方式方面都要力求有新意。创新需要极大的想象力和胆识。图书销售榜首的畅销书,无不是以创新取胜。①

6.4.2 出版业的策划途径

出版策划包括选题策划、编辑加工策划、制作策划、宣传策划和营销策划等不同的部分。在出版公司里有四个主要的部门:编辑、生产、营销与广告以及一般行政事务。编辑工作主要与作者打交道,包括从手稿的选择到文本出版两方面的责任,分别由约稿编辑和责任编辑负责。生产部门负责书籍的计划和设计,封面、排版、纸张、印刷、装订是其分内之事。营销部门负责销售、促进和宣传。宣传则是把关于书籍的新闻向尽可能多的潜在顾客传播,常见的宣传手段包括:发表书评、披露内容、新闻发布会、出版商的聚会、作者在电台电视台的谈话节目中露面等。

出版项目策划的实质就是把图书选题当一个项目来策划和经营,是图书组稿、编辑、印、发等各个环节的总和,包括选题设想、选题论证、组稿、编辑加工、校对、装帧设计、印刷、包装、定价、起始印数、出版时机、图书评论、宣传方案、发行渠道、发行折扣、发行区域、发行方式等。出版项目策划贯穿于图书生产和经营的每个环节。其中,选题策划、装帧策划、定价策划、营销策划是四个最重要的内容。

1. 选题策划

图书的选题策划主要是对图书的八个要素进行策划,即书名、出版宗旨、内容简介、读者对象、作者、主要特点、效益预测、写作要求。书名可以是单本书的名字,也可以是书丛、系列书与套书的书名。出版宗旨是指出书的目的和意义。内容简介用来说明稿件内容所属的知识门类、范围、层次和写作角度等。如果是文学类选题,则要说明题材、主题、主要人物和基本情节等。策划选题必须明确读者对象,以适应读者对象的阅读需要和接受能力。酝酿得比较成熟的选题,一般事先选定了作者。有的选题还未选定作者,也应该有作

---

① 宫承波、要力石:《出版策划》,中国广播电视出版社 2007 年版。

者人选的设想。要了解作者的观点、水平、成果、已出作品的影响和写作能力等基本情况。本选题有哪些特色,即与同类书相比有何不同之处,这是必须高度重视的问题。策划选题时,对选题的社会效益和经济效益必须进行精心的预测和周密的评估。写作要求包括对图书题材、体例、结构、表述风格、思想性、艺术性、科学性、实用性、通俗性与可读性、完稿时间等的要求。①

2. 装帧策划

书籍的装帧也叫书籍的设计。书籍装帧的任务,除了达到保证阅读的目的外,还要赋予书籍美的形态,给读者美的享受,即要讲究书籍装帧艺术。书籍的装帧设计是一门视觉艺术,它通过装饰、色彩、形象、字体艺术来打动、感染读者,使读者有愉悦之感,从而获得美的享受。

书籍装帧内容包括书籍开本设计和书籍版面设计。书籍开本通常用"开"来做单位,如 16 开、32 开、64 开等。书籍版面的设计是指将文字、图形这些有限的视觉元素根据特定内容需要进行有机的排列组合。如版心的设计、版面的排式、字体字号的设计、字距行距的设计、页眉的设计、书口的设计、页码的设计、目录的设计。书籍版面的设计是书籍成型的关键一步,美的封面可以引起购书者的注意,使购书者因爱惜封面而保存图书。② 在书籍装帧中还可以注意书籍内容的插图策划。插图之于书籍可以起到补充形象可视性的不足、深化作品主题等作用。插图的策划一是需要选择合适的插入位置,即文字什么地方需要插图的配合。二是需要选择合适的插图,什么样的插图具有最好的效果。一般来说,插图需要注意图文相符、插图有艺术独立性、位置适当、具有艺术表现力。

3. 定价策划

图书的价格直接会影响到读者购买的数量。因此图书价格策划是出版策划中较为敏感但又最需要智慧的一项策划。价格太高,读者会望而却步。价格太低,出版社又会利润亏损。如何才能制定好图书的价格?要回答这个问题,我们需要了解图书价格的影响因素。

图书的价格由制作出版成本、图书的内容价值、市场竞争、读者等因素共同决定的。内容价值越高、制作成本越大,在市场上没有可替代性,读者需求大的书籍往往定价就越高。在系列书上市之初,没有同类图书竞争的情况下,往往会采取一种高价策略,迅速获得预期利润。重印的时候再降低价格,增强市场竞争力。③ 一些不太容易被人注意的书籍则会采取相反的定价策略:上市之初,价格定低一点试水,让读者接受。待书籍打开销路并占领市场,获得读者认可之后便水涨船高,重印时适当提高价格。对珍藏本、保存本等出版物,利用读者好奇或虚荣心理,常常会采用低印数、高定价的策略,在短期内获得高利润。例如中华书局出版的《二十四史》精装本系列丛书,采用了羊皮面烫金精装,全球编号发行 100 套,全书分装 80 巨册,定价为 16 万元。对于内容版式相同的书籍,有的时候也会出精装本和平装本,满足不同读者的购买需求。

---

① 易图强:《图书选题策划导论》,中国人民大学出版社 2008 年版。
② 陈丽菲:《现代图书编辑实务教程》,苏州大学出版社 2007 年版。
③ 邓本章:《现代出版社》,中国大百科出版社 2003 年版。

4. 营销策划

图书营销是图书从出版社到读者之间的载体,连接着出版社和读者。通常来说,图书营销有以下几种方式:(1) 直复式营销。对于一些目标市场非常明确、拥有一定数量的消费者并且价格较高的图书,出版社能够充分发挥大批量邮寄的优势,在短时间内达收支平衡。比如教材用书,出版社可直接在各学校征订邮寄。(2) 利用书评营销。很多杂志中设有书评专栏和新书推荐的版块,这些已经成为图书批发商和消费者获得信息来源的渠道,对图书的发行具有重要的意义。特别是一些著名人士的评论,往往会引导读者做出购买的决定。(3) 网络营销。图书的网络营销已成为图书营销的一条不可忽视的重要渠道与趋势。网上书店提供了近乎无限的空间,所以许多出版社都通过网站直接销售图书。当前比较著名的图书销售网站有当当网、京东商城、亚马逊等。(4) 利用图书奖进行营销。一些奖项也会有助于图书的发行。例如莫言获得诺贝尔文学奖之后,其作品开始在线上线下大卖。在"莫言热"持续升温的态势下,商家们纷纷打出"中国首位诺贝尔文学奖获得者莫言作品限时抢购"的标语,莫言图书也涨价近二成。(5) 签名售书。具有名望的作者通过巡回签名方式,直接加入营销的行列,也会有助于书籍的销售。例如,2007年3月3日于丹在中关村图书大厦为其新书《于丹〈庄子心得〉》签售,10 小时竟然签售出 15 060 册。(6) 凭借新媒体平台营销。随着新媒体的兴起,出版社也纷纷瞄准了新媒体营销吸引读者。例如许多出版社开通了微博来发布新书信息、活动预告,甚至还有出版社通过拍摄微视频在微博上进行视频营销。

6.4.3 数字出版创意策划

或许不久的将来,人们将会适应这样的阅读:人们在互联网上可以随时随地下载自己需要的电子书,价格便宜且可以方便做编辑处理。人们可以在手机上方便地阅读各类咨询、图片及图书。那时图书、报纸、期刊的印刷萎缩得非常厉害,对纸质书的需求绝大多数也仅限于按需印刷。

传统媒体正在加快数字化转型的步伐。2008 年 6 月,中国出版投资集团成立组建"中国出版集团数字传媒有限公司"。这是中国出版集团公司提升传统出版产业、促进传统出版业与数字化、网络化出版相结合的重要步骤。2008 年,广东出版集团成立了"广东省出版集团新媒体出版中心"。上海世纪出版集团数字化的起步更早,先后在十多个方面进行过商业模式的探索。此外,四川出版集团、湖南出版集团、辽宁出版集团也都在数字出版方面进行了许多投入和探索。数字出版包括两方面内容,即传统出版业的数字化和新兴的数字出版媒体。数字出版能够有效地扩大原有出版市场,缩短出版时间,加强出版商和作者之间的沟通,提供多媒体和按需阅读功能,价位低,阅读空间大,节省资源。数字出版产业有几种发展模式:

1. 创作者—出版社—技术提供商—阅读者。作者将作品交给出版社,出版社将作品加工制作后,先制作成纸质出版物,通过物流、书店,将实物传动到读者手中。另一方面,出版社将作品的电子文件提供给网络、通讯等技术提供商,由他们将作品放入数据库,通过网络、通讯技术、供人们方便地使用。

2. 创作者—技术平台—阅读者。创作者直接通过平台将自己的作品和思想传播给阅读者。这一形式实质上也是出版的雏形,达到了文化作品的传播和影响他人的作用,只不过没有利益链条而已,发挥的是言论传播的功能。这一形式主要表现形式是:个人微博、网络论坛。

3. 出版社—创作者—技术平台—读者。现在也有出版社开始纸质出版、网络出版同步的尝试。出版社策划和组织选题后,找合适的作者来写,形成作品后,直接将电子作品通过技术平台向网络读者发行,同时向纸质出版领域发行,实现双管齐下,或者多管齐下的方式。这种"多媒体出版"的方式可能是今后出版的普遍形式,全方位地将作品渗透到社会的各个层面中去。比如高等教育出版社的立体化教材,商务印书馆工具书在线,社会科学文献出版的皮书数据库等一批数字出版产品相继问世。

4. 技术商—创作者—平台—读者。这一模式实质上是第一种模式的进化。在数字技术平台还忙于将过去几千年留存下来的出版产品搬到网络上来的时候,还有一个问题也在形成,即新作品直接通过网络出版。一些专门致力于网络出版的门户网站,利用自身平台优势网罗优秀作者,与他们签约出版,将他们的作品直接以电子形式在网上出版,供读者阅读。由于网络免费阅读习惯使得这一方式的出版可直接将作品变成"真金白银",往往这些作品的出版只能以免费的方式。以这种方式出版的有盛大网络文学、新浪网,并且主要也是以个人创意很强的文学作品为主,但不排除这一模式成熟后,尤其是其盈利模式成熟后向其他类选题扩张。①

就目前情况来看,数字出版在整体经营上尚未找到明确的赢利模式,传统的思维方式制约了数字出版产业的正确发展。目前出版产业的多方主体在互联网和手机应用上均进行了很多有益的尝试,比如手机报、电子书、掌上阅读器等。但这些数字出版物所采用的技术和探讨的服务模式仍然沿用的是传统模式,缺少革命性的突破和创新。当前的内容加工水平远未符合多样化数字阅读的需求,缺乏既熟悉出版流程又了解技术开发与经营的复合人才,数字出版整体上也缺乏统一标准。

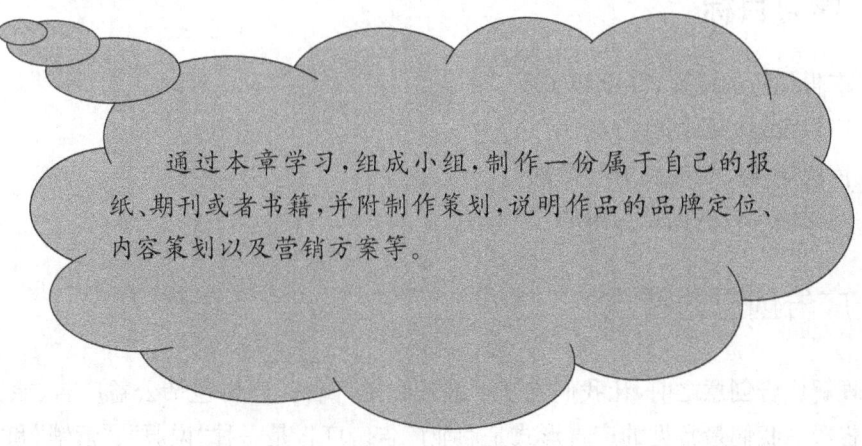

通过本章学习,组成小组,制作一份属于自己的报纸、期刊或者书籍,并附制作策划,说明作品的品牌定位、内容策划以及营销方案等。

---

① 王燕梅、邓媛媛、曹晓宽等:《出版发行产业链研究》,中国经济出版社 2009 年版。

第七章　广告业的创意与策划

 导　言

> 广告作为经济发展的助推器,在文化产业的发展中发挥了重要作用。广告业自身也是文化产业的一个重要组成部分。广告创意是广告的生命线,优秀的广告创意策划不仅能够吸引人目光、打造产品品牌价值,更能提升人的审美水平、促进经济的发展。

 任务描述

☞ 了解广告业创意的特点
☞ 熟悉广告策划的原则和方法
☞ 掌握传统媒体与新媒体广告业不同的特点和策划技巧
☞ 培养广告策划的实践能力

 学习目标

☞ 广告创意的涵义、特点和实质
☞ 广告策划的原则与方法
☞ 传统媒体广告的创意与策划
☞ 新媒体广告的创意与策划

7.1　广告创意的特点

在理解广告创意之前,让我们先来了解什么是广告。广告包括公益广告、旅游广告、商业广告等。我们最常见的广告形式是商业广告。广告是一种"说服"、"营销"和"期许"。它利用媒体来传播其商品服务或观念,从而达到促销的效果,它的最终目的是让你去购买产品。它展现给你的是一种理想的状态,一种你使用过产品之后的状态。从另一种程度上来说,广告所呈现的是我们对生活的"美好想象"。

7.1.1　什么是广告创意?

消费社会,人们每天生活的 24 个小时都被广告包围:刷牙漱口杯子上写着牙膏广告,

走出家门,电梯里挂着家庭轿车广告,走在大街上是户外广告牌,坐上公交看到的是公交靠椅平面广告和公交电视广告,上班打开电脑就是网络广告,下班去大卖场就是卖场传单广告……一个人每天要接触到如此多的广告,当然其中大部分都不会留下什么印象,只有那些有创意的广告才能给人留下印象。广告活动需要经过市场调查、创意策划、文案写作、效果评估、预算控制等几个阶段,其中创意策划是最核心的一个阶段。

创意,是创造广告的精髓。广告创意是广告制作人员对广告活动进行创造性的思维活动。广告创意也是为了达到广告目的,对广告的主题、内容和表现形式所提出创造性想法的过程。

通俗地说,创造性地想出一个好点子、好主意就是广告创意。广告创意的过程是丰富多彩的,渗透着文化和环境等诸多因素。广告创意的最终目的是通过吸引注意力、激发购买者的兴趣、诱发购买者的购买欲望,并通过反复播放广告加强购买者记忆,最终促成购买。

7.1.2 广告创意的特点

在整个广告活动中,广告创意有着至关重要的作用。好的广告创意可以通过引人注目的方式唤起情感和激发兴趣,赢得和保持消费者对产品的注意,争取产品被选择的最大可能。好的广告创意可以提升产品与消费者的沟通质量,赋予产品以满足消费者欲望的象征意义,有助于提升产品的品牌价值,提升消费者的生活审美。广告创意具有以下特点:

1. 广告创意是好的点子

点子,就是创意。要吸引消费者的注意力,要让消费者来购买产品,就一定需要好的点子。好的点子可以从以下几个方面来思考:

(1) 满足消费者的基本需求。例如飞科剃须刀的广告词:"全方位浮动剃须,三环弧面刀网,全身水洗,飞科剃须刀"。飞科剃须刀通过科学性地解释剃须刀的功用,寻找消费者的需求点,让消费者感受到确实有需要去买一把剃须刀。

(2) 从情感上说服消费者。哈根达斯是美国冰淇淋品牌,提倡"尽情尽享,尽善尽美"的高品质的生活享受,哈根达斯的广告词"爱她,就请她吃哈根达斯",在美国几乎家喻户晓。哈根达斯把产品化为男女爱情的象征,给冰淇淋贴上爱情标签,衍生出冰淇淋之外的情感想象。从消费者的感情需要,让消费者建立对产品的情感关联。

(3) 建立广告意象。广告最终是要通过符号来传递意义,以通过创造符号,来缔造一定的心理意向。如麦当劳在广告中都会出现大大的金黄色的麦当劳 logo"M",将 M 塑造成麦当劳,美味干净的食物象征,让人看到 M 就想到了麦当劳和麦当劳的食物。

2. 广告创意是一种文化和艺术创意

广告创意是当代文化发展的一种体现,成功的广告创意体现着当代的流行文化,蕴含着独特的文化底蕴,其文化价值,甚至能够改变人们的思想观念。广告创意的形成源自于特定环境、特定历史时期人们的特定思想。所以从另一方面来说,广告创意就是当代一种文化的创意,好的广告创意就是一件艺术品。广告创意充分调动各种艺术手法,赋予

香奈儿香水广告图
(图片来源:香奈儿官方网站)

广告无穷的美丽,让广告信息接受者在获得美的感受的同时接受商品或服务。如上文这幅香奈儿五号香水广告,采用黑色构图,将香水与著名影星玛丽莲·梦露联系起来,带给消费者极具艺术的感官刺激,感受到香水所诠释的女性独特的妩媚与婉约。

3. 广告创意是新鲜、出奇、特别的

创造惊奇和新鲜感是创意的诀窍。如果不新鲜、不出奇、不特别都不能称之为是广告创意,只能说是告知或者是某种宣传。要做到新奇特的广告创意,就需要广告创意人员关注社会生活,紧抓时效性。积累生活经验,开动脑子,不断地推陈出新。

智联招聘广告创意组图
(图片来源:视频截图)

"嫦娥奔月"本是一个非常老套的故事,但在智联招聘的求职广告中,却将这则老故事进行新奇的改变。吴刚、嫦娥和玉兔在月宫周而复始乏味工作几千年毫无进展,决定集体跳槽,但由于没做好充分的准备和调查研究,嫦娥不幸跳到食人族中,陷入了尴尬的绝境。这则广告跳脱了以前代言人"叫卖式"的表现手法,通过代言人生动的表演,超越时空的创意表现,出人意料的结局,令人忍俊不禁,从而带来鲜明的记忆点,强化了广告的诉求,使得"看准了再跳"这句话深入人心。

4. 广告创意是一种思维过程

广告创意是一种创造性的想法,也是一种创造性的思维过程。广告创意的思维过程需要广告人员在对市场、产品和目标消费者进行调查分析的前提下,对抽象的产品概念进行具体形象地思维互动。广告创意的思维包括:联想、想象、头脑风暴和发散型思维,以及正向和反向思维方法。

5. 广告创意需要创造效能

广告的根本目的是推销一种产品或者是观念。不能对着和尚去做推销洗发水的广告,再好的广告创意都需要与目标市场相符合,必须与广告目标和营销目标相吻合。任何广告创意的营造都是为了刺激消费者的消费欲望和购买行为,否则只能是水中捞月。广告创意需要去抓住消费者的注意力,说服消费者去购买广告所推销的产品或接受服务。

7.2 广告创意策划的原则与方法

著名广告人大卫·奥格威在《一个广告人的自白》中提到,如果广告活动不是由伟大的创意构成的,那么它不过是二流品而已。在广告创意中,最重要的元素有两个:一个是创意的人,第二个是这个创意人的创意思维。出色的广告人应该同时扮演着探险者、信仰者、执行者、合作者等角色。而出色的广告创意思维应该兼顾独创性、真实性、简洁性和系统可行性原则。

7.2.1 广告创意策划的原则

在广告创意中,广告创意人占据着重要的角色。广告创意人的心理特征必须具备:兴趣与激情、真诚与责任、好奇与进取、动机与自信,同时遵守必要的原则与方法,让广告创意更被人接受认可。在广告创意策划中,我们需要注意以下原则:

1. 独创性原则

广告创意的独创性原则是指在广告创意中要标新立异、另辟蹊径,不要人云亦云。只有独具匠心的广告创意才能够激发人们浓烈的购买兴趣,在消费者脑海中留下深刻印象,最终促成消费。

> **扩展阅读 7.1**
>
> 我国第一条电视广告:1979 年 1 月 28 日,上海电视台宣布"即日起受理广告业务",并播出了"参桂补酒"广告,这是我国大陆第一条电视广告,这条广告长 1 分 35 秒,由 3—5 个插片画面组成,没有任何运动镜头。后来又播出了第一条外商电视广告"瑞士雷达表"。

2. 真实性原则

广告需要适度宣传产品功效,但是不能违反真实性原则。所谓真实,就是指广告创意的内容符合产品实际和现状,不能够过度宣传。广告创意的真实性原则要求广告策划的内容必须以事实为基础,是对客观实际的准确把握和真实反映,符合相关的文化、道德和法律规范,不做低级趣味的广告。

3. 简洁性原则

广告创意必须要符合简洁性原则,如果广告太长、信息不明确,观众不但不会喜欢看,反而会产生厌烦感。拿电视广告来说,一般分为 5 秒、10 秒、15 秒、30 秒、60 秒等。根据不同时间段有不同资费,广告时间越长所要付出的广告费就越多。如果广告像小脚老太的裹脚布又臭又长,不仅观众没有耐心看完,而且需要支付的成本更高,所以广告创意需要符合简洁性原则。

4. 系统可行性原则

广告创意是一个整体活动,广告创意策划应该是一个整体方案,而不是零散的碎片。这个整体性体现在广告创意的思维应当是整体性的、全局性的。广告策划的内容应当是

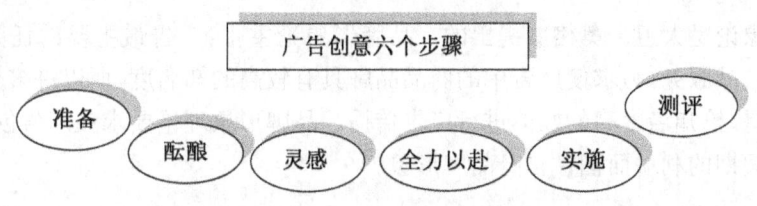

完整的、系统的。即使有好的主意,但是实行不了也是空谈,没有实际效果。所以在广告构思过程中还需要注意可行性。

7.2.2 广告创意策划的方法

1. USP 理论

USP 理论的全称是 unique selling proposition,该理论是美国广告大师罗瑟·瑞夫斯在 20 世纪 40 年代提出的一种具有广泛影响的广告创意策略理论,即独特的销售主张理论。USP 策略强调:(1) 明确的概念。广告必须向消费者"说一个主张",让消费者明白购买广告中的产品可以获得什么利益。(2) 独特的主张。广告中所强调的主张是竞争对手做不到的或无法提供的,必须说出其独到之处,在品牌和说辞方面是独一无二的。(3) 实效的销售。所强调的主张必须是强有力的,必须聚焦在一个点上,集中打动和吸引消费者来购买相应的产品。

【案例】

"喝前摇一摇":农夫果园打造饮品新主张

农夫果园是农夫山泉公司出品的一种混合型果汁饮料,它的成功得益于"喝前摇一摇"的广告创意。在农夫果园产品上市前,市场上主要是单一的果汁饮品。广告创意人抓住了农夫果园产品是混合果汁这一独特性,加以说辞,广告中强调产品是"三种水果调制而成"。同时提出了一个喝饮料的新主张"喝前摇一摇",喝农夫果园之前要摇一摇,给消费者以暗示,果汁的浓度非常高,有果肉沉淀在里面,是真材实料的。

两个身着沙滩装的胖父子在一家饮料店前购买饮料,看见农夫果园的宣传画上写着一句:农夫果园,喝前摇一摇,于是父子举起双手滑稽地扭动着身体。美丽的售货小姐满脸狐疑地看着他俩;(镜头一转)口播:农夫果园由三种水果调制而成,喝前摇一摇;(远景)两个继续扭动屁股的父子走远。

农夫山泉广告组图
(图片来源:视频截图)

2. 品牌形象论

品牌形象论是大卫·奥格威提出的。品牌形象论主张:广告最主要的任务是为树立品牌和营销产品服务,力求使广告中的商品品牌具有较高的知名度,所以许多企业不惜花大代价找明星,抢知名度高的媒体进行广告传播。品牌形象理论要求在广告创意策划中,不能因追求短期的利益而牺牲自身品牌形象。

【案例】

硬汉形象：万宝路香烟

万宝路是世界上最畅销的香烟品牌之一。在万宝路创业的早期，万宝路的定位是女士烟，消费者绝大多数是女性。其广告口号是：像五月天气一样温和。可是，事与愿违，尽管当时美国吸烟人数年年都在上升，但万宝路香烟的销路却始终平平。一筹莫展中，莫里斯公司找到了当时非常著名的营销策划人李奥·贝纳。李奥·贝纳在没有换配方的情况下，对万宝路进行了全新的"变性手术"。李奥·贝纳向莫里斯公司提出：将万宝路香烟改变定位为男子汉香烟，变淡烟为重口味香烟，增加香味含量，并大胆改造万宝路形象。万宝路香烟广告不再以

万宝路广告组图
（图片来源：百度图片）

妇女为主要诉求对象，广告中一再强调万宝路香烟的男子汉气概，以浑身散发粗犷、豪迈、英雄气概的美国西部牛仔为品牌形象，吸引所有喜爱、欣赏和追求这种气概的消费者。万宝路随即大受欢迎，销量在宣传计划推出 8 个月内上升高达 5 000%。而李奥·贝纳的这个广告创意，也成为广告史上的经典。

3. 定位理论

定位理论最先是由美国著名广告专家 J·克劳特所提出的。广告定位理论强调广告的目标是使产品在消费者心目中占有一席之地。根据定位理论，在广告创意策划时要将传播的效力聚焦在一个特定的点，在消费者的心智上下工夫，运用广告创造出其独特位置。产品在消费者心中的定位一旦确立，无论何时何地，只要消费者产生了相关的需求，就会自然地首先想到广告宣传的这种产品。

【案例】

"收礼只收脑白金"：脑白金的礼品定位

"今年过节不收礼，收礼只收脑白金"。脑白金是珠海康奇有限公司为其褪黑素产品取的商品名称，从 2001 年起，以铺天盖地的脑白金广告，成了一道电视奇观。脑白金的广告词也成为中国知名度最高的广告词之一。

从这句广告词中，我们就可以看出，脑白金将其自身定位为礼品。中国是礼仪之

邦，送礼在中国是一个拥有深厚文化内涵的行为。脑白金看准了这个市场，成功将自己定位为礼品的概念，以礼品定位引领消费潮流。当春节、中秋等传统节日前夕，脑白金的广告密度更大，有时甚至用完全相同的广告内容连续播出，反复加深在消费者心中的定位。这就让消费者在有购买礼品需求时，第一时间想到脑白金。

脑白金广告组图
（图片来源：百度图片）

4. ROI 理论

ROI 理论 20 世纪 60 年代的广告大师威廉·伯恩克创立的 DDB 广告国际有限公司根据自身创作积累总结出来的一套创意理论。该理论认为广告是说服的艺术，广告"怎么说"比"说什么"更重要。ROI 的意思是，关联性（Relevance）、原创性（Originality）、震撼力（Impact）。ROI 理论启发我们在广告创意策划时，应该注意广告创意的主题需要和消费者、商品密切相关，广告的创意必须是原创，广告作品设计需要在视觉和听觉乃至心理上对消费者产生强大的震撼力。在做广告创意策划前，问自己几个问题：我做这则广告的目的是什么？我的广告做给谁看？产品有什么独特的个性？选择什么媒体是合适的？消费者的突破口或切入口在哪里？

【案例】

咖啡路灯：麦当劳

麦当劳餐厅是全球最大的连锁快餐企业，由麦当劳兄弟和 Ray Kroc 20 世纪 50 年代起在美国开创，现在世界上大约拥有三万间分店，主要售卖汉堡包、薯条、炸鸡、汽水、沙拉等。在许多地方麦当劳都会投放非常有创意的户外广告，右边的一个户外广告就是麦当劳放置在温哥华市场中心的一个咖啡路灯。这则广告极其具有震撼性、原创性和关联性。首先麦当劳是出售食品的，所以这则创意广告将地点选择在市中心，并且突出了麦当劳所售卖的饮料——咖啡。其次这则广告运用了路灯和冲泡咖啡的动作创意原理，将路灯设置在街边方便行人，同时又把路灯设计成咖啡壶，路灯座设计成咖啡杯，路灯的杆子设计成倾泻而下的咖啡。这个麦当劳咖啡壶路灯，形象而又非常具有震撼性的设计吸引着人的眼球，看到这样一

麦当劳咖啡壶路灯图
（图片来源：百度图片）

个庞然大物,能不引起人们注意并且诱发其去麦当劳消费么?因此达到了咖啡免费促销的目的。

5. 共鸣理论

共鸣理论,简单地说就是采用"情感攻势",不是通过理性而是通过感情去说服人购买产品。在共鸣理论中,通常是要通过讲述消费者最珍贵的、难以忘怀的生活经历、人生体验和感受,来唤起并激发其内心深处的回忆。广告共鸣理论中侧重的主题内容有爱情、童年回忆、亲情等。运用感情共鸣理论,在广告创意策划中可以偏重消费者的感情体验,将感情作为诉求点,让消费者"感动地"购买产品。

【案例】

"爱·不停炖":小熊电器

《爱·不停顿》广告组图
(图片来源:视频截图)

小熊电器是国内创意小家电企业,《爱·不停炖》是小熊电器为电炖盅产品量身打造的广告。创意以亲情为主导线,讲述一位父亲得知女儿咳嗽后,不怕路途遥远,千里迢迢来到女儿工作的城市,就是为了给女儿炖一锅雪梨汤。看似简单的故事情节,却因为对父爱、对亲情的贴切诉求,合理的情节铺垫和煽动性的感染力,配合中秋节这一时间节点,瞬间击中无数消费者的心。影片中"中秋节,你会去看你最爱的人吗?"更是勾起网友对家的无限思念。小熊电器的情感广告创意,唤起和激发消费者的情感共鸣,最后升华为"爱·不停炖",促使人一看到产品就会联想到父母亲情,从而促进产品的销售。

7.3 传统媒体广告的创意与策划

传统媒体主要是指报纸、杂志、电视等。相比于新媒体广告,传统媒体广告目前还是占据主流地位。所以在广告创意中需要做到结合各种媒体资源,进行媒介组合,达到广告效果最大化。

7.3.1 平面广告的创意与策划

平面广告是以报纸、杂志等为载体传播商品信息的广告形式。平面广告创意,即根据平面媒体的自身特点,为表现广告主题而进行的新颖性、独特性的构思。平面广告的创意有如下几个特点:(1)视觉性。平面广告是以文字与图画来表现广告主题的,它只能对人们的视觉产生作用,而不像广播、电视广告那样能够对人们的听觉产生刺激。(2)平面性。平面广告只具有二维空间,不像影视广告那样具有三维空间,也不像有些户外立体广告,无法使人产生立体感。(3)静态性。平面广告都是静态的画面或文字,无法像影视广告那样能使画面、文字动起来。

根据平面广告的自身特点,平面广告创意策划中应该注意平面广告的文字、图形、色彩以及商标等因素,要增强画面视觉冲击力。(1)文字。文字是广告创意中最富表现力的组成部分,好的文字能够让人过目不忘。在平面广告策划中,需要对文字的内容、字体、字号以及文字编排等内容进行策划。(2)图案。精美的广告总是善于制造出具有感染力的图案以营造氛围来感染消费者。优美的图案能够构成符合审美规律的广告构图,吸引消费者。(3)色彩。在平面广告中有黑白广告和彩色广告两种。不同的色彩会给人不同的心理感受,在平面广告创意中要善于运用色彩来传递不同的情感。(4)商标。商标是品牌自身的一种标志。它有助于区别其他同类商品。在平面广告创意中,要有意识的突出商标,强化消费者的记忆,便于消费者选择认购,提高其知名度。

【案例】

"我是凡客"——凡客广告

左上角 logo:"VANCL"突出凡客的商标;中偏左方:穿蓝色衣服的韩寒形象,代表年轻人自由、休闲、不受拘束;右边:文字"爱xxx,爱 xxx,不是 xxxx",富有个性的文案。整体上采用了蓝色和红色,增强了画面的整体性,给人干净、简洁的感觉。右边长短不一的排版句子,使得画面生动活泼起来。

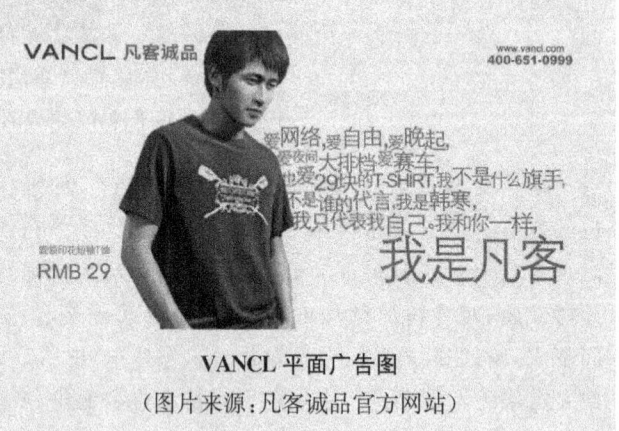

VANCL 平面广告图
(图片来源:凡客诚品官方网站)

平面广告的主要媒介载体是报纸和杂志,无论是报纸还是杂志都有其自身的优势和劣势。

报纸广告的优点:(1)传播速度快。日报每天都会发行,并且发行速度快,时效性非常强,信息传递较为及时。一些时效性强的产品,可以利用报纸进行宣传,第二天就会产生很好的效果。(2)便于保存。由于报纸的特殊材质及规格,报纸具有较好的保存性,可以随身携带。(3)具有权威性。人们长久以来就有"白纸黑字"的观念,这是报纸广告媒体一大无形优势。因此,在报纸上刊登的广告往往会让人有信任感。

与此同时,报纸广告也有着自身的一些局限性,例如报纸受注意度不够高。一张报纸通常有很多版面的内容,大量的信息填充着报纸,容易导致消费者对于广告注意力的分散。由于版面的限制,容易造成同一版面的广告拥挤不堪,影响读者阅读。

因此,在报纸广告创意策划中需要注意:画面的选择,一张篇幅大而醒目的图片比一堆零星的小图片,更能吸引消费者。标题的拟定,标题需要承诺利益点、包含具有新闻价值的消息。文案内容的撰写,感性式文案能触及人内心,理性式文案能使读者心悦诚服,无论采取哪种方式都要注意文案的表达。字体艺术的设计,如黑体字适合男性产品,圆头字适合女性产品,楷体字适合较轻松故事描述,宋体字适合较传统产品。版面编排的策划,好的版面可以使消费者易于阅读,编排设计需要符合自然的阅读顺序,便利视觉流通。

【案例】

房地产广告

"对不起,没有了"大大的几个字排在最中间的位置引起人们关注,黑底红字有强烈的冲击感,但红色选择的是粉红,在冲击之外又给人以柔和感。本来是卖房子的广告,为什么会对不起没有了?因为房子卖得太好了。文案采用了欲扬先抑的手法,先扫兴再吊起人强烈的抢购欲望。整个版面编排清晰整洁、给人以阅读舒适感。

房地产广告

(图片来源:百度图片)

杂志广告与报纸广告的最大区别是杂志被消费者反复阅读的机会大。而且杂志的印刷、纸张都很精良,在视觉上的表现力更强。具体来说,杂志广告的优点在于:(1)读者对象明确、针对性强。杂志的读者分类较细、专业性强,而且读者比较稳定。订阅杂志的人通常是对该杂志内容感兴趣的人,所以对于杂志所刊登的相关产品兴趣也会比较大。例如足球类杂志就可以刊登体育类用品,化妆美容类杂志可以刊登化妆品,接受程度很大。(2)杂志印刷精美,表现力强。杂志广告的纸质优良,印刷效果比报纸精美得多,色彩鲜艳精致,有较强的艺术感染力,容易使人在美感享受中接受广告。(3)杂志媒体版面排版灵活。杂志广告可刊登于杂志的封面、底面、内页、插页等位置,可以说,杂志可以为广告客户量身打造版面,这个是报纸所做不到的。杂志广告也有自身的局限性,例如杂志媒体通常是每月定期出版,周期长,不适合做时效性强的广告。杂志的制作成本高、高针对性也会导致产品失去一些潜在的消费者。

在杂志广告创意策划中可以做到:(1)精雕细琢。杂志广告凭借其精美的画面给读者美的享受。所以在杂志广告创意策划中应当对杂志广告内容精雕细琢,完善杂志广告视觉元素的组合,最大程度上唤起购买欲望。(2)开拓杂志广告形式。杂志广告中除了直接介绍商品的广告还可以适当加入软广告,例如企业栏目冠名等。(3)杂志文案的语言应当淡化专业性,在准确性的基础上让人更加通俗易懂。

【案例】

Arcor 泡泡糖

遇到广告相信大部分人都会翻页,但如果是一个有创意的广告相信就不会是这种情况。Arcor泡泡糖杂志广告采用折叠立体式的广告设计,广告生动而立体,创意简单而聪明。

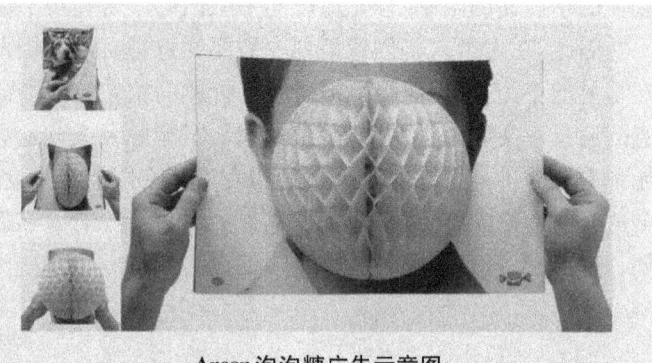

Arcor 泡泡糖广告示意图

(图片来源:百度图片)

7.3.2 电视广告的创意与策划

1. 电视广告优势

电视广告即在电视上播放的广告。与其他媒体相比,电视广告具有属于自己的优势:(1)具有很强的冲击力和感染力。电视能够充分调动视觉、声音、色彩、动作以及戏剧性的综合运用。(2)传播广泛、到达率高。如今几乎每个家庭都会有电视,也都能够看到电视广告。电视的电波可以穿越时空到达任何可以覆盖的地方。(3)广告效果好。电视广告宣传效果好,可以在短时期内迅速提高产品的知名度,甚至可以造成一时间"洛阳纸贵"的现象。

> **扩展阅读7.2**
>
> 限广令:2011年10月11日,广电总局下发了《关于进一步加强广播电视广告播出管理的通知》;11月28日,其又下发《〈广播电视广告播出管理办法〉的补充规定》,决定自2012年1月1日起,全国各电视台播出电视剧时,每集电视剧中间不得再以任何形式插播广告。《通知》强调要规范影视剧和新闻节目中间插播广告的行为,禁止在片头之后、剧情开始之前以及剧情结束之后、片尾之前插播任何广告。此外,还规定新闻节目主持人也不能为商业广告做代言。

2. 电视广告局限

但与此相伴,电视广告也有它的局限。电视广告制作成本高、每条广告时间受限、传递信息量有限,稍纵即逝,一不留心就会错过观看,不易保存等。并且随着人们生活节奏的加快,白天工作时段较少人看电视,电视广告只有晚上黄金时段才能引起较高的关注度,再加上"限广令"等政策的出台,更是给电视广告行业雪上加霜。因此电视广告创意策划显得尤为重要。

3. 电视广告策划技巧

在电视广告创意策划中需要注意以下技巧[①]：(1) 让画面表达意思。电视广告是画面的艺术，要用画面去说服别人购买产品，要善于运用镜头去表现画面。(2) 运用带有强烈感情色彩的词激发兴趣。像"哎呀、不可思议的、难以置信"等这样的感叹词能够激发观众的兴趣，引起注意力。(3) 提供产品的关键信息。电视广告说到底还是要卖产品，所以广告内容要着重提供产品的关键信息，例如产品的名字、功效等。(4) 集中谈一两点。一个产品有很多面需要展示，但是电视广告就那么几秒钟的时间，面面俱到是不可能的，所以要火力集中，选择最重要的一两个点来宣传。(5) 展示产品时用大特写镜头。大特写镜头给产品，这样可以便于人们记住。如果只是人物拿着产品晃一晃，人们可能只记住了广告演员而不是广告产品。(6) 开头一定要吸引人。正所谓"好的开头是作文成功的一半。"好的广告创意开头也适用于此道理。只有吸引人的开头才能吸引观众看下去。(7) 善于用音乐烘托气氛。电视广告创意策划中要善于运用广告的声音，如旁白、对话、背景音乐、广告歌等，烘托气氛，增强广告的情感魅力。(8) 设计朗朗上口的广告语。李宁"一切皆有可能"、动感地带"我的地盘听我的"、耐克"just do it"等广告语朗朗上口为广告加分不少，所以广告设计中要注意广告语策划。好的广告语既要别出心裁、新颖独特，又要严丝合缝、缜密周到。(9) 开拓新的广告形式。赞助冠名、植入广告等是目前常见的广告形式，但是优秀的广告创意策划人还需要探寻更多的易于观众接受的广告方式。

4. 电视广告类型

在电视广告创意中，通常有以下几种创意类型：

(1) 故事型，即在广告创意中设计一个故事。在故事型广告创意策划中，要注意让剧情简单明了并且巧妙地和产品结合起来。故事结构要有引子、高潮、结尾。

【案例】

潘婷洗发水泰国广告

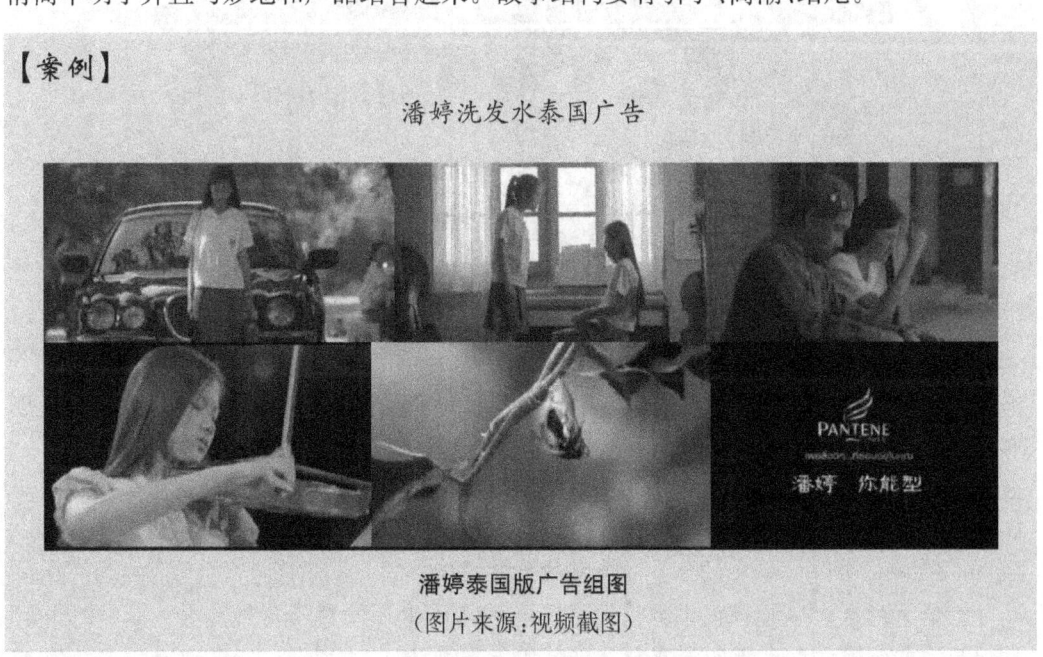

潘婷泰国版广告组图

（图片来源：视频截图）

[①] 崔银河：《广告策划与创意》，中国传媒大学出版社2007年版。

声哑小女孩从小爱音乐却被嘲笑,小女孩跟着落魄的艺人在街头学习音乐,直至有一天小女孩有机会在台上表演,化茧成蝶。此时出现最后一幕——潘婷"you can shine"。

潘婷在泰国的励志广告《我能行》为观众呈现了一个相当完整的故事,广告创意犹如励志电影一般,从伏笔,发展,转折,高潮,典型的人物性格,激烈的矛盾冲突一一呈现。

(2)解决问题型,即在广告创意中自己提出一个问题,再解决这个问题。解决问题型广告创意中要注意站在消费者角度,用消费者的语言提出他们最关心的问题,然后再用通俗易懂的语言来解决这个问题,介绍产品。

【案例】

江中牌健胃消食片广告之蒋雯丽篇

先提出一个问题"孩子不吃饭?"然后再解决这个问题,孩子不吃饭怎么办?"用儿童装江中健胃消食片,饭前嚼一嚼,孩子消化好。"

江中牌健胃消食片广告组图
(图片来源:视频截图)

(3)示范证明型,即通过专家或使用者亲身示范产品,展现产品的优点。在示范证明型广告创意中要注意,示范者要自然大方,不要让人觉得是矫揉造作的感觉。

【案例】

高露洁牙膏广告

一位下班女士从地铁走出来接受高露洁测试后推荐使用高露洁牙膏,通过使用前和使用后的体验示范来证明高露洁牙膏能够美白牙齿。

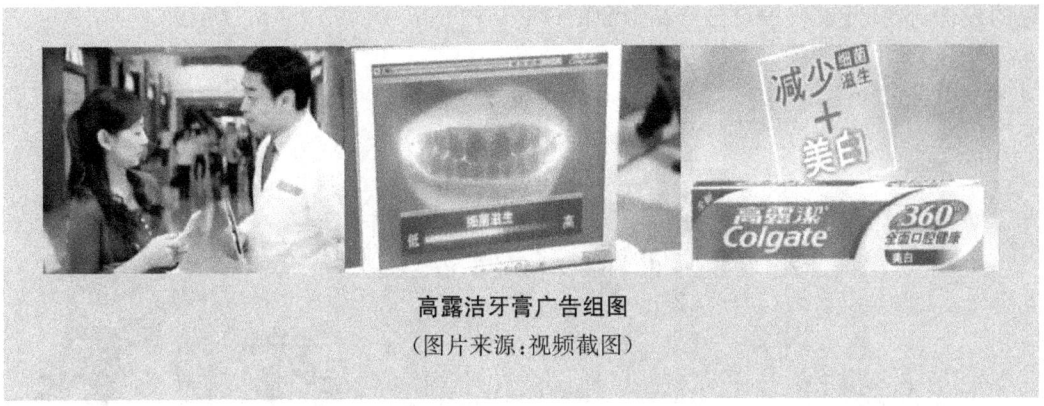

高露洁牙膏广告组图

（图片来源：视频截图）

(4) 名人效应型，即利用知名人士的知名度和号召力，把商品和名人联系起来，吸引消费者的购买。名人效应是广告策划中最常用的一种方式。在名人效应型广告创意中，要注意选择的名人要与产品有符合度。

(5) 广告歌曲型，即利用一首专门选择的歌曲来演绎影视广告。这类广告策划时要注意选择轻松愉快、便于广泛传唱的歌曲，配合一些相对固定的造型或动作，可以使广告锦上添花。

【案例】

步步高音乐手机

宋慧乔所代言的步步高音乐手机广告，整个广告没有一句话，只有演员宋慧乔和广告中清新动人的北京音乐，在欣赏浪漫典雅的音乐的同时，完美音质的概念也日益深入人心。

步步高音乐手机广告组图

（图片来源：视频截图）

(6) 动画型，即用动画的形式来表现广告。动画型的广告创意设计时要注重动画形象的设计,选择能够代表自己产品形象的广告。

【案例】

六神花露水的前世今生

当时它还没有名字　　出入十里洋场的旗袍妹子们人手一支　　1990年六神花露水横空出世

六神花露水广告组图
(图片来源:视频截图)

采用动画的方式,讲述花露水的来源以及六神花露水的来源和功效。带有科普性质的小动画,风趣幽默,把老国货品牌诠释出新的味道。

(7) 幽默型,即通过机智、幽默风趣的方式来表现广告。幽默型广告在策划中要注意切忌喧宾夺主,不要只记得幽默而忽视了推销产品。另外要注意幽默的"度",不要开病态的幽默玩笑,避免哗众取宠。

【案例】

m&m巧克力豆

M&M巧克力豆广告组图
(图片来源:视频截图)

M&M巧克力豆广告语:"快到碗里来","你才到碗里去","不能换大一点的碗吗?"风格新奇幽默,呈现了M&M巧克力豆的意象:有趣的、可爱的,向消费者有效传达了快乐逗趣形象。

7.4 新媒体广告的创意与策划

随着移动互联网的发展、社交媒体的兴起,媒体形态和传播方式变化,新媒体由此孕育而生。所谓新媒体,是相对于传统媒体如报纸、杂志、电视而言的不断变化的概念。目前新媒体广告主要包括网络媒体广告、户外媒体广告等。

7.4.1 网络媒体广告的创意与策划

网络广告是通过网络传递到互联网用户的一种高科技广告运作方式。网络广告按照类型分类有:横幅广告、竖幅广告、文本链接广告、电子邮件广告、浮动广告、弹出式广告、按钮式广告等等。

相比于传统媒体广告,网络广告的优势集中在:(1) 双向互动性。网络广告的沟通是双向的,消费者感兴趣就会点击进入产品网页了解该产品。通过消费者点击,企业也可以得到反馈信息,并且根据需求即时调整广告内容,实现双向互动。(2) 针对性。网络的访客流量统计可以精确统计每个广告被多少网络用户看到过,以及这些用户查询的时间分布和地域分布。企业可以通过这些数据针对不同的顾客量身定做个性化的广告信息。(3) 低成本。网络媒体没有版面等限制,不需要印刷,企业可以详尽地把自己的信息放到网上,并且不受字数限制。大多数的网络链接都可以直接通过网络购买产品,降低了中间环节的产品的成本。网络广告的费用也比一般传统媒体要低。(4) 表现性强。网络广告融合了印刷媒体、广播、电视的一切表现方式,可以全方位立体地进行信息传播。通过图、文、声、像的形式,可以使消费者能亲身体验产品、服务与品牌,有如身临其境般感受商品或服务。(5) 广阔的传播范围。网络广告不受时间、地点限制。无论在哪个地方,只要能连接上网络都可以看到。通过网络可以把广告信息24小时不间断地传播到世界各地。

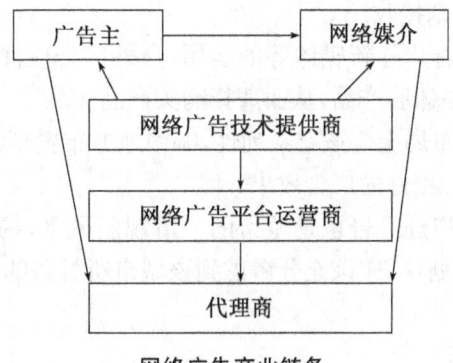

网络广告产业链条

网络广告策划时应注意:(1) 明确有力的标题。明确有力的标题可以直接切中消费者需要,吸引其点击。(2) 增强互动性。随着网络技术发展,互动性成为网络广告的必然追求。网络广告创意时需要注意互动性,吸引受众注意并浏览广告。例如在网页上经常会看到动态条幅:"请点击这里!"点击后进去的是关于一个游戏的页面,接着让你试着玩一段这个游戏。再填写一个调查表格就有资格进行抽奖了。这样的互动性网络广告对游戏爱好者较有吸引力。(3) 合理策划网络广告发布的时间。网络广告虽然成本较低,但是对网络广告时序、频率、发布时间等的策划也是非常重要的。成功的策划不仅能提高广告的浏览率,还能节省广告费用。(4) 丰富广告形式。随着网络技术的发展,网络广告的形式也需要不断地开拓,如微博广告、网络游戏内置广告、QQ 对话框广告、网上流媒体广告。

中国网民近几年来的日益增多也为网络广告的创意发展奠定更加强大的用户基础,他们对网络广告的要求有别于其他媒体,水准要求也更高,这使得网络广告的创意发展更加趋于主流以及个性化。未来的网络广告必将传播得更快、更具互动色彩,以其独特的互动性、多样性和精准性,彰显出与目标受众沟通时的无限魅力。网络广告的创意空间将会越来越广阔,形式也会越来越多样化。

7.4.2 户外广告的创意与策划

户外广告是指设置在户外的广告。户外媒体广告主要分布在楼宇液晶电视、电子触摸屏、公交移动电视等。相较于其他媒体,户外广告媒体的优点在于:发布时间长,一天二十四小时都在那里,只要有人路过就会看到。视觉冲击力强,大尺寸鲜明的色彩,能够造成强大的视觉冲击力。达到率高,无论是在你家电梯里还是马路街头的大屏幕,户外广告似乎无孔不入。广告更新快,大型 LED 显示屏平均每个月更新一次广告内容,而小型的 LED 显示屏少则三五天多则一个星期就会更换一次,户外广告更换过程简单方便。随着城市化和交通的发展,人们待在路上的时间越来越多,户外媒体广告也越来越具有其传播的优势。

1. 户外广告策划原则

在户外广告策划中,要注意做到的原则是:

(1) 单一诉求。户外广告大部分设置在道路两旁的路牌、霓虹灯及公交车体上,路人匆匆一瞥,如果要表达的内容太多,不会让人在短暂时间内记住,所以只有诉求单一的户外作品才能让人在第一时刻接收。

(2) 互动新体验。随着户外新媒体等的运用,户外广告应注意更多地考虑一些互动性体验设计,让顾客切身去体验产品,从而选择购买产品。

(3) 系列性。在广告布局上应该有系列性,哪些地方布置哪种形式的户外广告,应该有一套完整的方案,才能有更好的广告效果。

(4) 城市建筑艺术。户外广告也是城市的一道靓丽风景,构成了城市文化的基本元素。所以在户外广告的策划中,应该充分考虑到该城市所具备的文化特点,设计符合城市文化审美的户外作品。

2. 户外广告策划技巧

根据不同类型的户外广告,具体也有不同的技巧:

(1) 广告牌。广告牌是一个城市的名片,写字楼、公寓、影院、餐厅、体育场等城市建筑上都有它的身影。广告牌策划中图形设计尤为重要,图形要能吸引人们的注意,设计时要力求简洁醒目,放在视觉中心位置,配以生动的文案设计。

(2) 液晶屏幕广告。液晶屏幕广告主要在城市广场、步行街路口以及一些写字楼宇中。液晶大屏幕弥补了传统户外广告的静态性,使户外广告动感起来,适合做企业形象广告,液晶屏幕广告策划时需要注意需通过动感、多变、反复播放等方式引起受众的极大兴趣。

(3) 交通广告。交通广告多出现在地铁、高铁、高速公路、公交车、出租车等交通形式的站内、车体上。由于现代交通工具成为人们重要的出行工具,交通广告显得尤为重要。交通广告的特点是高频率的流动性,可移动,覆盖面广。交通广告策划时一方面需要注意因地制宜,根据地区的特点选择广告形式。另一方面需要放在消费者经常活动的地方反复宣传,有效选择目标消费者的交通路线,创新表达方式。

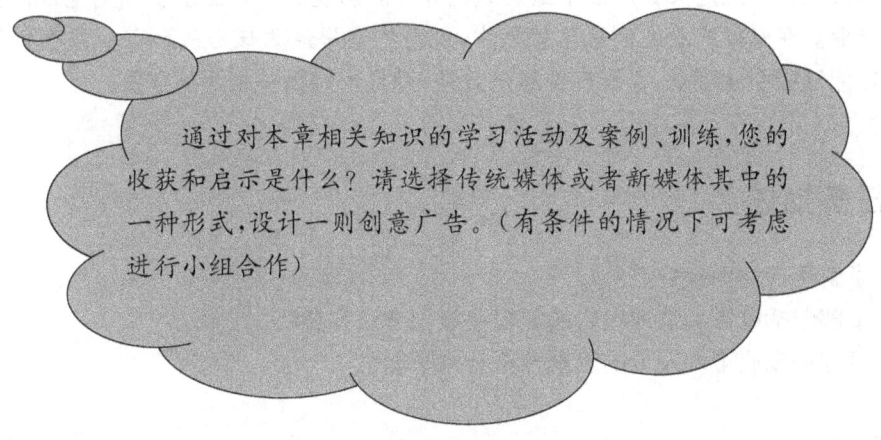

通过对本章相关知识的学习活动及案例、训练,您的收获和启示是什么?请选择传统媒体或者新媒体其中的一种形式,设计一则创意广告。(有条件的情况下可考虑进行小组合作)

第八章　影视业的创意与策划

导　言

> 影视文化产业是文化产业中最活跃的环节。影视文化产业主要包括电视产业和电影产业。在影视产业的创意与策划中,创意内容是最为核心的环节。只有创意性内容才能够吸引住观众,实现产业经济效益,满足人们精神生活的需要。

任务描述

- 了解影视业创意特点
- 了解包括电影和电视在内的影视业策划方法和技巧
- 培养影视业策划人员的宏观分析与判断能力

学习目标

- 影视业创意的特点
- 影视业策划的原则与方法
- 电影产业的创意与策划
- 电视产业的创意与策划

8.1　影视文化产业创意的特点

影视文化产业是指围绕影视作品所进行的生产、营销、发行、后期产品开发等的一系列产业链。打开电视,我们所收看到的电视剧就是影视文化产业产品。走进电影院,我们所享受到的也是影视文化产业产品。影视文化产业深入渗透到我们生活的每一个角落。特别是在改革开放之后,影视文化产业更是发展迅猛。影院建设、屏幕数量、电影票房大幅攀升。入世、奥运、阅兵、世博等,一个个电视画面记录了民族的记忆。据相关部门统计,2012年我国创作生产故事影片近800部,电影票房突破170亿元,电影银幕数达到1.3万块,观影人次接近5亿。而随着中国电视剧集质量的提高,《甄嬛传》《媳妇的美好时代》等国产电视剧走红海外,影视文化产业正成为我国文化产业中最具活力门类之一。相较于其他文化产业,影视文化产业有自己的特点。

1. 影视文化产业是一种影像技术。影视文化产业与纸质传媒产业不同,它是一种影像的技术,用视觉、听觉形象去传递信息。影视文化产业的发展与影视技术的变革密切相关,摄影机、影像载体、音响、洗印等设备技术都关系到影视文化产业的发展。

2. 影视文化产业是一种艺术产业。影视文化产业比其他产业更要求自身的艺术性。关于影视文化艺术化还是商业化的争论不绝于耳,甚至有时候艺术价值很高的影视产品却没有商业价值,这时候影视文化产业的创意就显得尤为重要。好的影视文化产业创意可以巧妙地将影视产业的艺术性与商业性相结合。

3. 影视产业伴随着意识价值观输出。无论是电视和电影,都是一种意识形态的输出。无论是有意或者是无意,影视文化产品都会传递着一定的意识形态内容。因此影视产业的发展与国家政策的出台密切相关,影视产业策划中要注意正确的价值观导向。

4. 影视产业是一种休闲方式。电影是在电影院里面集体观赏,电视是在家里面与家人一起观赏,无论是看电视还是看电影,都是一种娱乐的休闲方式。影视产业是一种休闲娱乐生活方式的销售。

5. 影视产业是一种文化产业。影视产业的制作、发行、播出都是一套完整的产业链,电视节目和电影如同商品,产业的发展需要遵循市场经济的发展原则,受市场经济的制约。

8.2 影视文化产业策划的原则

影视文化产业的创意策划包括在电视、电影制作中对内容的选题、投资、导演、制片、演员的挑选、广告宣传、市场销售、影片的整体运作等。在影视文化产业创意策划中需要注意以下几点:

1. 打造"卖点"。所谓"卖点"就是影视产品中独特性的东西。在影视文化产业策划中要尤其注意产业策划的独特性,过于同质化的节目或泛滥的电影题材只会引起人们的视觉审美疲劳,所以要学会打造影视产品的"卖点"吸引观众。

2. 产业化"开发"。影视文化产业是一种可持续获利、无污染的第三产业。在影视文化产业的产业化开发方面,要注意产业前、后期与发行阶段的经济操作,不断开发产业链。如围绕演出会展、体验维护等方面开发电影海报、网络游戏、图书、卡通玩具等衍生品。

3. 不卖"隔夜菜"。"隔夜菜"是指不符合时效性的产品内容。影视文化产业内容开发中,要注意时效性的原则,选取观众最关心、最有时效意义的内容。策划中要紧贴当前实际,贴近人们生活,使人产生情感共鸣。例如 2009 年下半年,一部讲述都市白领家庭买房过程的电视连续剧《蜗居》在各地播出之后,因其内容触到"房价"这一人们时下最关注的问题,从而创下收视率新高。

4. 创立"新技术"。在影视文化产业策划中,在产业中如何利用最新技术给观众全新感受也是策划人需要去解决的问题。例如全球首部 3D 电影《阿凡达》,采用全新 3D 拍摄技术,高清摄影系统、表情捕捉技术和制造外星球感应舞台系统,带给观众耳目一新的观影体验,获得巨大成功。

5. 表达"娱乐化"。影视文化产品最终是要获得市场的认可,策划时需要去迎合观众情趣，以观众喜闻乐见的方式表达出来。但要注意，在娱乐化表达的同时切记"庸俗化"，以过于低级趣味的娱乐所呈现出来的产品效果反而会适得其反。

总体而言，影视文化产业策划需要做到个性化的定位，内容、形式创新，打造品牌优势，运营模式的创新等。具体到电影和电视产业的策划，各有不同的侧重点：

好的电影策划需要注意艺术风格、叙述风格、技术手段和营销策划。一部成功的电影不仅仅需要好的叙事策略，还要有鲜明的艺术风格。把注意力集中在故事情节的展开上，保证电影本身好看，能带给观众极大的观影快感。从黑白电影到3D电影，不断更新技术。根据前期热点选题，以及后期产业的产品开发，如游戏开发、品牌授权等拓宽电影产业的产业链。

好的电视策划要有思想内涵，表现时代生活和时代精神，表现中华文化，富于民族特色。要有完善的艺术形式，做到思想性和艺术性的完美统一。在电视节目的整个生产过程中，从前期拍摄到后期制作，每个环节必须严格遵守技术标准和规范，做到技术质量一流。作品的时代精神和艺术生命力能经得起时间考验。好的电视策划还要有明确的宗旨、鲜明的栏目特色、好的选题、精准的受众定位、高雅的文化品位、独具魅力的地方特色。

8.3　电影产业的创意与策划

自1905年第一部电影《定军山》诞生至今，中国电影已经走过了一百多年的光辉历程。经过一个多世纪的发展，中国电影从无到有，形成了从制片、发行、放映到电影开发的一套完整的产业体系。在电影产业繁荣的背后也存在着许多问题，如匮乏具有原创精神的电影作品，电影品质不高，缺少优秀的电影人才等。一部影片或者一个类型的影片在市场上取得成功之后，类似题材作品相拥而上，资源浪费不说还影响观众的观看热情，影响产业的发展后劲。在这种情况下，电影产业的创意与策划显得尤为重要。

8.3.1　电影产业的发展历程

电影自诞生之日就兼具了艺术性与商业性两种属性。在艺术性方面，中国电影的发展历程先后伴随了六代电影导演艺术风格的交替：20世纪初到30年代，中国第一代导演诞生。他们在拍摄条件非常简陋、艰苦，又缺乏经验的情形下，创作了中国首批无声故事片，代表人物有张石川、郑正秋、黎民伟等。30年代之后，中国第二代导演带领中国电影实现了由默片向有声片电影的过渡，自此中国电影开始直面社会现实问题，在思想、艺术和技术上走向成熟。这一时期的代表人物有蔡楚生、费穆、吴永刚、袁牧之。1949年之后，中国第三代导演确立了"革命历史材料"一种新影片类型，并推出了一批优秀的"少数民族题材"影片，创立了"歌颂型"喜剧电影，成功实现了中国电影从黑白向彩色的跨越，这一时期的代表人物有谢晋。

在60年代北京电影学院毕业生中，诞生了中国第四代电影导演。他们提出"丢掉戏剧的拐杖"，打破戏剧式结构，提倡纪实，追求质朴、自然风和开放式结构，注重主题与人物的意义性，从生活中、从平凡人中去挖掘人生哲理。这一时期的代表人物有谢飞、吴贻弓、吴天明、翟俊杰。1982年自北京电影学院毕业的导演系学生中诞生了第五代导演，他们对新的思想和艺术手法特别敏感，追求表现自我意思和审美理想，把情节放在次要位置，多用象征、比拟手法,强烈渴望通过影片探索民族文化的历史和民族心理的结构,更多的反思历史,反映人性。代表人物有陈凯歌、张艺谋等。90年代后开始执导电影的一批年轻的导演,他们最初以低成本的"地下电影"首先在国内引起关注,作品大都游离于现实主流社会与人生,基本上是对"个人成长经验与记忆"的表达,关注边缘人来体现社会问题。代表人物有张元、王小帅、张扬、贾樟柯、陆川等。

中国六代导演的更替展现了中国电影作为艺术的发展历程,然而中国电影作为产业发展的时间较短。1978年之前,中国经济一直处于计划经济时期,电影也很难说是有产业。直至改革开放之后,中国电影通过一系列改革模式,才逐渐走上了产业化的发展道路。如2002年颁发的《电影管理条例》使得制片业得到进一步的放开,民营机构拥有了独立拍摄电影资格,而不再需要购买厂标,促使民营资本注入电影制片业中来,打破了旧有的国有制作机构一统天下的格局。2003年党的十六大明确提出文化产业的指导性意见和2004年国家广电总局发布的《关于加快电影产业发展的若干意见》明确指出电影是"可经营的文化产业"之后,中国电影基本确立了产业化的发展道路。近年来,中国电影产业高速发展,产业维度不断加深,形成了较为成熟的产业链。

在电影产业发展的同时,电影创意产业也应运而生。电影创意产业是指能够实现电影创意,并将创意按照初始目的制作成最终产品,进一步推向市场或定向观众的技艺和艺术服务过程,以及相应的物质和机制保障。① 从电影产业到电影创意产业虽然相差只有两个字,但内涵却发生了天翻地覆的变化。相较于传统电影产业,电影创意产业更加突出"创意"的要素,即更加主动去采取措施吸引观众进入影院,而不是随着历史发展而被动变化。电影创意产业更加注重电影人的群团优势力量以达到更大效益,更为注重新技术的运用,创意被运用到电影产业的每一个环节。

1905年	中国电影第一部电影《定军山》诞生
1913年	中国第一家电影公司新民电影制作公司诞生
1934年	中国第一部有声电影《桃李劫》上映
1947年	中国第一部彩色电影《生死恨》上映
1950年	电影局颁布《中央电影局各厂剧本及影片审查办法》
1981年	设立中国电影金鸡奖
1984年	中国第一个拥有对外发行权的特区制片厂深圳影业公司成立
1988年	第一届上海国际动画电影节举行,这是中国第一次举办国际竞赛性的电影节
2001年	《卧虎藏龙》获奥斯卡最佳外语片,华语电影第一次在奥斯卡获大奖
2002年	院线正式挂牌营业,院线制的实施标志着我国电影产业与世界接轨

中国电影大事记

8.3.2 电影产业的创意策划方法

目前,中国电影产业链中蕴含着制片、发行、放映三个环节。制片方对电影内容进行

---

① 金冠军、钟瑾等:《电影创意产业》,东方出版中心2009年版。

生产,拥有电影的版权,然后将电影版权出售给发行方,即发行公司。发行公司购买到版权之后,以票房分账的方式与院线公司合作,将电影在合作院线的电影院放映。电影院线以票房分账的方式拿到影片拷贝,安排大片的放映。电影放映之后,电影制片方还可以对电影进行衍生品开发、出售转播、网络版权等。

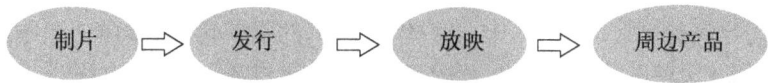

中国电影产业价值链示意图

电影产业分为制作、发行和放映三个环节。电影产业的创意与策划也应该贯穿于整个产业链之中,其中电影的制作是电影中的核心环节。在电影制作的创意与策划上,有七个主要的策划角色:编剧、导演、演员、摄影、美工、录音、剪辑。这七个策划人,决定了一部电影内容的好坏。

1. 编剧。电影编剧就是为电影写剧本的作者。电影编剧在写剧本时候需要注意题材、主题、人物、情节、结构、语言的策划。题材应当选择具有一定社会意义、思想意义的题材,或者与自己的审美经验、艺术趣味相接近的题材。在人物创造上应当塑造好典型环境中的典型人物,注重人物动作和心理性格、人物关系的描写。剧本的语言应当体现人物性格,更加口语化,适当加入潜台词。

2. 导演。在一部电影中,导演处于中心的位置,有着运筹帷幄的作用。导演要调动声、光、色、演员、化妆、服装、道具等诸多视听因素来表现自己的创作意图,可以说一部电影的导演即是这部电影的灵魂。导演在电影的艺术策划中,应该做到:恰当设计剧中人物,确定影片的叙事节奏与章法,选择和组织好影片的造型形式与音响,设计场面调度。

3. 演员。电影演员是指影片中角色的扮演者、银幕人物形象的直接体现者和创造者。电影演员的表演要重天然雕饰,忌夸张、戒做作,同时要贴近生活。在演员的表演中,由于摄像机能够毫微记录演员脸部的精细表情,所以演员在表演时一个眼神、一块肌肉的局部颤动,都能够传情达意。例如在侯孝贤导演的《悲情城市》中,香港演员梁朝伟以眼神、肢体语言演绎了一个不能听、不能说的林家老四。在需要体现人物悲剧性的镜头中,梁朝伟用神情落寞而坚定的眼神让观众感受动荡时代中个人无法逃脱的悲剧。

4. 摄影。电影摄影是指电影摄影师运用电影摄影机、镜头、胶片把人物的行动连续记录下来的过程。电影的镜头可以根据远近分为:远景镜头、全景镜头、中景镜头、近景镜头、特写镜头;根据焦距还可以分为:标准镜头、长镜头、短镜头、变焦距镜头;根据镜头的运动可以分为:推镜头、拉镜头、摇镜头、移镜头、跟镜头;根据镜头的角度可以分为:平视镜头、俯视镜头、仰视镜头;根据镜头的视点可以分为:客观镜头、主观镜头、正

电影《金陵十三钗》中的长镜头画面
(图片来源:百度图片)

反打镜头等。电影摄影中要注意不同镜头的运用。另外,色彩、特技等的运用在电影摄影中也有着重要的作用。

5. 美工。电影美工是指在导演对作品的总体要求下,对一部影片的布置、道具、人物造型作统筹安排。电影美术主要包括环境的布景和道具设计,以及人物服装、化妆等。电影美工需要在电影中着力去思考如何体现典型环境中的典型人物。

6. 录音。电影录音是指在电影拍摄过程中把电影的声音录下来,以及后期制作中把声音加入电影。通常在一部电影中,电影声音包括三个方面:人物语言、电影音乐、电影音响。好的声音可以增加电影的感染力。

7. 剪辑。电影剪辑是把电影拍摄的原始镜头素材通过一定排列组合,组合成一部电影的过程。在电影剪辑过程中,常用的手法是蒙太奇。在电影的制作中,导演按照剧本或影片的主题思想,分别拍成许多镜头,然后再按原定的创作构思,把这些不同的镜头有机地、艺术地组织、剪辑在一起,使之产生连贯、对比、联想、衬托悬念等联系以及快慢不同的节奏,从而有选择地组成一部反映一定的社会生活和思想感情、为广大观众所理解和喜爱的影片,这些构成形式与构成手段就是蒙太奇。

> **扩展阅读阅读8.1**
> 电影业常见的运作方式
>
> ○片场制
> 　　好莱坞的典型运作方式,电影被当成工业品,流水线生产,每个员工只做自己流水线上分内工作。制片人是整部电影的头头,投资负责这个工业生产流程出来的电影。
> ○导演制
> 　　导演是整部电影的头头,由导演来组织摄制组、进行人员分工、确定影片整体与局部风格、组织拍摄并组织最后的制作。
> ○明星制
> 　　制片厂请某一位明星出演一个角色,制片厂组织各个创作/制作部门的人员,按照这个明星的方方面面编写剧本,以方便明星演出,用明星魅力吸引观众走进影院。
> ○独立制片
> 　　制片人在不依赖大制片厂的情况下,"独立"地完成一部影片的"前期"开发过程。独立制片所受限制较少,常给人带来艺术惊喜。
> ○实验电影
> 　　不考虑影片市场的电影,出于自己的爱好和自我表达的需要而拍的电影。实验电影相对来说比较小众,常在艺术形式上大胆创新和探索。

8.3.3　微电影的创意与策划

微电影是指专门运用在各种新媒体平台上播放的、适合在移动状态和短时休闲状态下观看的、具有完整策划和系统制作体系支持的、具有完整故事情节的视频短片。

相比于电影院放映的电影,微电影门槛更低,制作成本低,发行方式简单,周期短。只要一台 DV,一台电脑就可以拍摄一部微电影,把它放上网络就可以获得属于自己的观众。播放是在网络平台,并且没有严格审查机制,有更为宽松的创作空间,更易于新锐导演和演员电影理念和自我价值的实现。但也正因为微电影的这些特点,也造成了微电影质量良莠不齐的现象。微电影的发展与新媒体的运用,并且随着日常生活日趋碎片化和新媒体技术的发展,微电影的发展前景广阔。

优秀的微电影策划首先需要有创意的内容。微电影的时间短,并且多数是放在网络上由观众自主点开,所以只有有创意的内容才能吸引观众点击进入阅读。新颖创新的剧本切入角度能够增加微电影内容的魅力。其次,在微电影策划中可以巧妙融入商业成分。巧妙融入商业成分可以为微电影的发展提供强大有力的物质保障和创造产业价值。目前现在很多广告会拍成微电影的形式,将电影与广告结合起来。再次,为了扩大传播效果,微电影发行除在社交网站传播之外,还可以考虑开拓周边产品、或者通过微电影节等方式扩大传播效果,完善微电影产业链。

以 2010 年优酷制作的微电影《老男孩》为例,这部微电影的成功首先归于其创意内容的策划,选题直面现实,充满话题性。《老男孩》所讲述的是两个普通男人的梦想之旅,展现小人物的梦想在现实面前的尴尬和坚持。这样的选题容易引起观众的情感共鸣,在营销上贴近市场,充满商业元素。雪弗兰科鲁兹品牌的成功植入,将科鲁兹年轻的品牌定位和《老男孩》整部剧"青春"的格调搭配,成为典型的营销案例。与此同时,筷子兄弟的歌曲《老男孩》也广为传唱。

微电影《老男孩》剧照
(图片来源:影片截图)

8.4 电视产业的创意与策划

电视,被喻为是继绘画、雕塑、建筑、音乐、诗歌、舞蹈、戏剧、电影之后的人类"第九艺术"。电视的创意与策划是电视产业中不可缺少的一部分。电视创意与策划,是指创意策划者按照电视传媒的运作规律,对电视节目的选题立意、采拍制作、播出销售等生产和运作过程进行总体筹划的一种电视行为。

1958 年 5 月 1 日,北京电视台试验播出,标志着我国电视事业的诞生。50 多年来中国电视产业发展迅速,逐渐形成了中央电视台、省级电视台和城市电视台三分天下的格局。随着电视产业的发展,一些节目开始实施制播分离,产生了民间制作公司,推动了节目市场的形成。电视业的产业属性被一步步地认识、承认、开拓。随着网络电视等的出现,电视产业的竞争变得尤为激烈,而产业的创意与策划变得尤为迫切。成功的电视策划应该是社会效益和经济效益的结合;注意力与影响力的结合;时效性与权威性的结合;国际化与本土化的结合。如何才能打造成功的电视策划？我们需要从思维方式与创意策划方法两方面来解决。

8.4.1 电视产业创意思维方式

电视产业链囊括了电视节目的生产、营销、播出等环节。电视产业的创意思维也需要贯穿到产业链的始终。

1. 节目形态创新①

为了节目的管理与生产，长期以来电视节目形成了固定的类型。有学者将节目类型总结为下表的几个元素：

分类维度	定义码	类别	分类维度	定义码	类别
内容	A	新闻	形式	O	竞赛
	B	影视剧		P	谈话
	C	综艺节目		Q	连续/系列
	D	戏曲/音乐		R	杂志/版块
	E	专题/纪录		S	直播
	F	生活服务		T	卡通
	G	广告		U	引进片
行业	H	法制类	受众	V	老年类
	I	军事类		W	女性类
	J	科教类		X	少儿类
	K	农业类		1	严格管理
	L	体育类		2	有条件管理
	M	时政类		3	基本管理
	N	财经类		4	开放管理

电视节目类型的多维组合表

电视节目固定的类型能够有助于观众带有特定的期待去解读电视文本，有助于节目的意义得到顺畅传递。然而长期固定一成不变的节目类型不免会让观众感到视觉审美疲劳，这个时候就需要创新性的电视节目类型设计。

常见的节目类型创新策划有两种：一是组合与嫁接，二是分化与衍生。组合与嫁接是指通过对类型进行组合或者分化的方法，即"老元素，新组合"。吸取原有电视节目类型中富有胜利的要素或者程式。组合已经成熟的电视节目类型中的某些元素，对各种程式进行有机融合，通过组合产生新的收视点，从而赋予原有电视节目类型不曾有的吸引力。如

---

① 雷蔚真:《电视策划》,中国人民大学出版社 2008 年版。

"A＋H＋P＋V"＝给老人看的法治新闻谈话类节目,"C＋J＋T＋X"＝给少儿看的科教直播类综艺节目。

与组合嫁接所相对的,是分化与衍生。这种方法针对的是原有成熟的电视节目类型,通过增减或调整原有程式或元素,分化为这个电视节目类型之下的亚类型新节目。该方法适用于作为一个大类的流行类目,在历史性的发展和地方化的扩散中,不断地纳入新元素,在原有的本质性元素不变的情况下,开辟出新的细节和方向。模式的创新,主要是对电视节目的一整套模式、套路和样式进行调整和演变,形成可复制、可进行交易的新模式。

2. 话题制造

话题,指的是适合特定电视节目制作,能够传达其核心理念的内容或题材。电视节目通过话题策划不仅可以深化节目的内容,还可以明晰地向观众传达节目理念。甚至有的时候,电视节目需要打造话题的"卖点",制造一些"噱头"。例如江苏卫视的电视节目《非诚勿扰》中女嘉宾马诺的发言,"宁在宝马上哭,也不在单车后面笑"引发了人们对"拜金"的批判,也使人们更加关注《非诚勿扰》这个节目。在《非诚勿扰》节目开头,主持人孟非都会在开场时拿出一个话题,先来讨论一番。节目的话题策划者,把大众关心的热点话题摆在每个观众面前,这也是使节目获得成功的重要原因。

3. 情节策划

电视节目的情节策划包括悬念策划、故事策划以及细节策划。电视悬念策划可以通过内容制造悬念,比如亲情栏目中反目成仇的父子最后会不会相认？本身内容就是一个悬念。再如一些直播的颁奖节目,谁最后会获奖,这本身也是一个悬念。悬念的制造也可以通过节目的后期剪辑制造,或者通过环节的设计和改造,改变原有的叙述结构,从而产生悬念机制。情节策划的第二种类——故事策划是指通过人物、事件、情境三种方式将电视主题通过"讲述故事"的方式讲述出来。例如江西卫视自办的《传奇故事》通过大量的基础调查,把拍摄的素材通过讲故事的方式呈现,并且它不仅善于讲正面故事,还善于让负面故事产生正面效果。一个大学生抢劫的事件,《传奇故事》没有仅仅是叙述这件事,而是将着眼点落在这位大学生的心理历程中,深度挖掘一个人的人性转变的过程,使观众看后受到正面启发。

4. 关系营销

一个电视品牌,事实上也处于各种关系交织的大环境中。如果在其运作系统中处理好以下所示各种组织和个人的关系,将这些关系转化为电视品牌的资源而加以利用,就能更好地促进生产力的解放,带来巨大的利益。

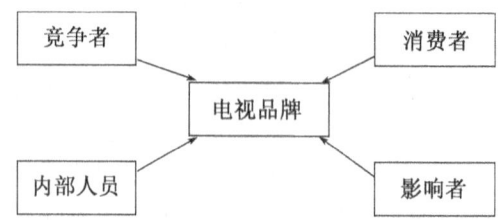

5. 主持人策划

主持人在一个电视品牌中往往扮演形象代言人的角色,主持人的策划是栏目的窗口和形象。主持人在主持时,其表情、语言、体态、化妆与服饰都是对节目形象的直接呈现。主持人策划应该注意几个方面:一是要选对主持人,譬如什么人适合主持什么样的节目,怎样选择主持人,主持人在节目中的作用怎样?二是对主持人的语言、语速、主持内容有一个综合指导与包装,制作适合他主持的节目,把握主持人的风格与组合、主持人的包装等。

凤凰卫视《鲁豫有约》节目是一档谈话类节目,这个节目的成功离不开主持人的策划。主持人陈鲁豫的形象定位于清新、时尚、知性。在节目中,主持人采取中立的原则,用一个又一个问题引导嘉宾说出最真实的故事,满足观众的信息需求。用清和、自然、真诚为嘉宾创造自然平等、轻松的谈话氛围,把节目弄得真实而有感染力。这档节目的亮点和看点也在于主持人的挖掘能力和交锋中的锋芒智慧。

8.4.2 电视产业创意策划方法

电视产业创意策划根据不同类别有不同方法,如根据时间来分,有前期策划、中期策划和后期策划。根据方式来分,有电视生产策划、电视传播策划和电视经营策划。根据电视策划领域来分,有电视节目类策划、电视管理类策划、电视广告类栏目策划和电视产业类策划。根据电视节目类型来分,有电视新闻节目策划、电视剧策划、电视纪录片策划等。

电视节目策划应注意:(1)电视节目定位。节目制作人需要在节目开播前对节目设置目的和宗旨事先划定,包括节目的思想内容、目标受众、节目样式、制作风格等方面的内容。(2)电视节目的整体布局。从整体形式上对即将创作的作品进行规划、设计、使其符合表现主题的需要。(3)电视节目的结构。安排电视节目结构,要遵循符合客观事物的发展规律和内部联系的原则,满足完整性、新颖性、风格统一的基本要求。(4)节目选题策划。这是建立在电视栏目定位基础上的具体内容的策划。既要受制于栏目的要求,又要及时攫取生活中

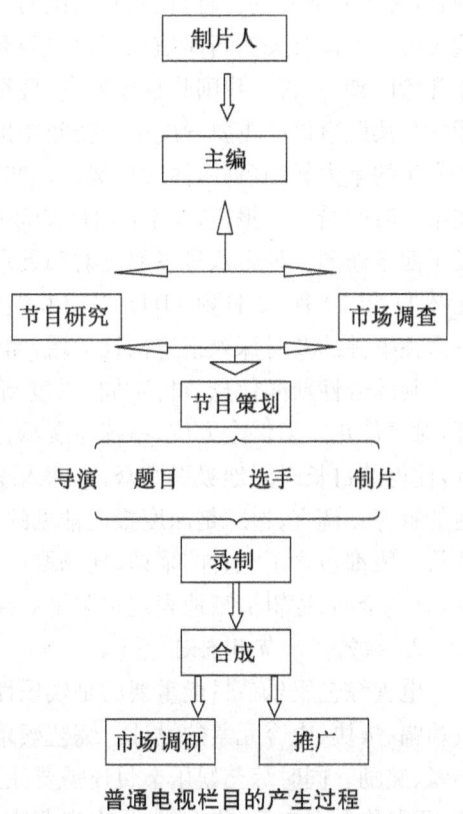

普通电视栏目的产生过程

丰富多彩的人物、事件、话题等,以生动、鲜活、受众关注的选题去丰富电视栏目。(5)电视节目的品牌操作。品牌是媒体的形象,在电视节目的策划中,要把建立品牌意识、进行品牌定位、实施品牌经营作为一切活动的出发点和目的,将其贯彻始终。以下就让我们从最简单也最常用的电视栏目了解创意策划的方法:

1. 新闻政教类节目策划

新闻政教类节目策划中最重要的是做好选题策划。重要综合性新闻信息节目在内容策划上要突出重大性,突出事件对社会、政治与经济的影响;要抓住策划的时机,根据社会

《新闻联播》节目画面
（图片来源：视频截图）

现状，对新闻事实进行有目的、有意识的策划；重大节日、重大新闻事件、重要历史人物和重大历史事件有关的新闻信息可以进行预测性的策划。中央电视台《新闻联播》自 1978 年开播以来，一直是我国收视率最高、最具权威的电视新闻节目。在选题上，《新闻联播》通常是按照事件的重要程度决定新闻播报时间的长短和排序，重点报道突发性事件和正在发生的重大新闻事件，体现权威性。如 2011 年 7 月 23 日晚温州动车事故发生后，央视在第一时间给予了报道，7 月 24 日《新闻联播》又以头条、二条、三条、四条的显著位置播发了四条新闻。神舟八号飞船发射和天宫一号对接时，《新闻联播》进行预测性策划报道，在 2011 年 10 月 26 日到 11 月 17 日相继编发新闻 17 条，连续报道了全过程。对突发性、重大性事件的及时深入报道构筑了《新闻联播》节目的权威性。

与综合性新闻信息节目不同，深度新闻报道节目不一定要求时效性，但一定要有深度，对事件热点事件全方位、系统地展示、揭示；同时要有故事性，通过跌宕起伏的情节设计，使得节目长时间地吸引受众；要深入现场，对事实进行发掘与剖析，对事实的本质作理性的解释。调查、追踪是深度报道常见的节目表现形式。从内容元素来看，深度新闻报道节目一般都包含了记者的采访、现场取证及场景的记录、主持人演播室的评论、专家点评等，事实全面、逻辑清晰地表现选题是对深度报道节目的基本要求。

2. 综艺娱乐节目策划

电视综艺娱乐节目最重要的是娱乐性，除此之外还要兼顾娱乐节目的内容和形式以及篇幅、板块、内容元素的设计。综艺娱乐节目的常见元素有：文艺表演、游戏与竞赛、参与者、奖励。同时综艺娱乐节目还需要注意常变常新，充分互动。以中国综艺娱乐节目的常青藤《快乐大本营》为例，快乐大本营成功的原因可以归功于精准的受众定位、成功的主持人策划、互动新颖的栏目内容设计。在受众定位上，《快乐大本营》将节目的核心受众群锁定在青少年身上。2005 年下半年，《快乐大本营》为摆脱固定节目形式带给观众的审美疲劳，策划推出了《闪亮新主播》主持人选秀活动，用电视选秀的方式来选拔主持人，并首创"主持群"，推出了五个主持人"快乐家族"，活跃了大本营的舞台。节目内容上，《快乐大本营》几乎每一年都会进行改版，在保持其娱乐性、游戏化基调的基础上，不断对节目内容进行调整。互动性的游戏和酷炫的歌舞，再加上明星的加盟，给青少年提供了一道丰富的娱乐大餐。

3. 生活服务类节目策划

生活服务类节目即是为大众生活提供指导性服务的节目类型。通常生活服务类节目可分为：气象、美食、医疗健康、房产家居、旅游、汽车、服饰等板块。生活服务类节目在策划时应注意针对大众生活中的衣、食、住、行、用各个层面的需求，及时发布最新、权威的信息，并解读百姓关注的热点、难点、疑点，这同时也是最有实效的服务。服务类节目的内容策划要考虑到一个"专"字，分出专业方向，提供正确的咨询和解决途径。在策划时，清晰的受众定位是必要的，我要服务的对象是谁？在策划节目之前就需要考虑清楚。其次是要选取受众最关心的题目进行拍摄，分析他们的心理需求，以最容易接受的方式传递服务内容。以《美丽俏佳人》节目为例，《美丽俏佳人》是中国一档全演播室制作，联合众多明星献身说法的大型美容时尚服务类节目。节目主要是为都市女性提供服饰、美容、家居生活、旅游等服务类信息。节目内容选择贴近都市女性最紧迫的需求，如怎样使用美容护肤，怎样化妆，如何告别小腹婆等，并且通过明星说法、现场演示等帮助分享的形式，让观众能够理解并掌握到其传递的美容时尚内容及独立、自信的新现代女性观念。

《美丽俏佳人》节目画面
（图片来源：视频截图）

4. 选秀节目的策划

选秀节目是指帮助普通人实现舞台梦想的真人艺术化节目形态。中国自2004年《超级女声》开始兴起一阵选秀节目的风潮，比较知名的选秀节目有《梦想中国》、《中国达人秀》等。在选秀节目策划中需要注意的是比赛赛制的策划、悬念情节的设置、情感化的差异诉求等。如《中国好声音》是浙江卫视推出的一档音乐选秀栏目。《中国好声音》的成功可以归功于其新鲜的节目形态创新。传统的选秀栏目一轮轮晋级已经给观众带来视觉审美疲劳，而《中国好声音》的横空出世则令人眼前一

《中国好声音》节目画面
（图片来源：视频截图）

亮，节目采取评委通过盲听的方式选择自己喜爱的选手进行下一步的培养。喜欢就转身，不喜欢就不转身，简洁的选拔方式让人耳目一新。二是节目悬念的制造，评委到底会不会转身？这个悬念一直伴随着每一位选手的出场。节目非常注意对四位专业评审在盲听时各种表情的捕捉，观众们可以通过评委们的各种表情不断去猜测他们到底会不会转过身去，转过身去之后，这些演唱者又会选择谁作为自己的指导老师？三是故事化的情感叙事。虽然是一档音乐类选秀节目，但是在音乐的同时也注意选手故事的叙事。四是注重音乐品质。音乐类选秀栏目最重要的还是音乐品质，让人有音乐美的享受。节目组对选

手以及歌曲精心策划,注重音乐本质的精神,让观众由衷地感觉到精神上的愉悦。五是通过微博营销。多位明星在微博上转发评论节目视频引起人们的关注,节目组还开通了官方、学员、导师微博,进行微博营销。

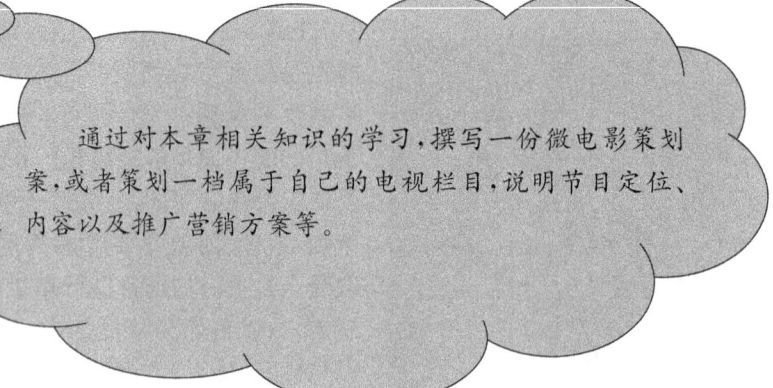

通过对本章相关知识的学习,撰写一份微电影策划案,或者策划一档属于自己的电视栏目,说明节目定位、内容以及推广营销方案等。

第九章 动漫业的创意与策划

导　言

　　动漫产业是以创意为核心,以艺术和科技为支撑,以动画和漫画为表现形式,以创作动漫直接产品为基础,以开发品牌形象衍生品为延伸,从而形成巨大版权价值链的产业。① 动漫产业融合了出版、音像、电影、电视、游戏、网络、旅游、玩具、主题公园等多个生产销售领域,具有涉及面广、产业链长、附加值高的特点,是世界公认的朝阳产业,同时也是增长速度最快的产业之一。动漫产业最初发源于20世纪初的美国,在欧美国家发展历史悠久,伴随20世纪80年代日本原创动画的崛起,动漫在亚洲国家的影响力也随之扩大,并成为一种全球性的文化现象。我国的动漫产业自20世纪90年代以来迅速发展,尤其是近些年涌现出大量优秀原创动漫作品,预示着我国动漫产业迈向一个新的台阶。

 任务描述

- 了解和学习动漫产业概况与创意特点
- 掌握动漫产业策划的基本原则与方法

 **学习目标**

- 了解动漫业创意的特点
- 掌握动漫业的策划原则与策划技巧
- 培养动漫策划的实践能力

9.1　动漫产品是什么?

　　动漫产品是由动漫企业生产的文化产品或提供的相关服务,涉及领域广泛,内容也很丰富,既包括由动画影视、漫画出版以及动漫游戏构成的核心产品,也有在核心产品基础

---

①　卢斌、郑玉明、牛兴侦:《中国动漫产业发展报告(2011)》,社会科学文献出版社2011年版,第1页。

上开发出来的动漫玩具、文体用品、主题公园等衍生产品。

根据我国《动漫企业认定管理办法》规定,动漫产品具体有以下六种类型:(1)漫画:单幅和多格漫画、插画、漫画图书、动画抓帧图书、漫画报刊、漫画原画等;(2)动画:动画电影、动画电视剧、动画短片、动画音像制品,影视特效中的动画片段,科教、军事、气象、医疗等影视节目中的动画片段等;(3)网络动漫(含手机动漫):以计算机互联网和移动通信网等信息网络为主要传播平台,以电脑、手机及各种手持电子设备为接受终端的动画、漫画作品,包括FLASH动画、网络表情、手机动漫等;(4)动漫舞台剧(节)目:改编自动漫平面与影视等形式作品的舞台演出剧(节)目,采用动漫造型或含有动漫形象的舞台演出剧(节)目等;(5)动漫软件:漫画平面设计软件、动画制作专用软件、动画后期音视频制作工具软件等;(6)动漫衍生产品:与动漫形象有关的服装、玩具、文具、电子游戏等。

扩展阅读9.1

动漫周边(衍生)产品:动漫产品通常包含了核心产品与周边(衍生)产品两类。核心产品是以漫画、动画片、游戏为主的内容产品,而周边产品则来自于动画公司或漫画社对生产企业的授权或自行经营,生产商们围绕动漫形象进行旅游、玩具、模型等周边产品的生产与开发,从而构成一个完整的动漫产业链条。

日本动漫《机器猫》延伸产品

(图片来源:百度图片)

9.1.1 漫画产品的生产

漫画也称连环画,通常是一页多格、有一定主题情节的绘画。现代漫画创立于 16 世纪的欧洲,19 世纪在美国得到大力发展和完善,20 世纪进入鼎盛时期。漫画从制作风格来讲可以分为美式、欧洲和日式三种。①

美式漫画以美国卡通产品,尤其是好莱坞漫画为代表,其作品有明显的类型化趋势,制作模式是高投入、大规模、高科技,人物角色设计要特点突出、善恶分明、体态完整、重视细节、画面丰富饱满,给人带来强悍、刺激、雄健有力的印象,可谓是漫画中的动作片。总的来说,美式漫画善于运用不规则的构图、夸张的透视比例和富有个性的姿态表现角色的动感,造型风格严谨扎实,对后来整个的影视、动画、游戏风格有很大影响。

美国漫画《超人》

比利时漫画《丁丁历险记》

(图片来源:百度图片)

欧洲漫画统称为自由式或独立式漫画,以讽刺小品和文艺类作品见长,其风格自由多变,充满浓郁的人文情怀和文化内涵,画风虽然比不上美国漫画的炫酷火爆、刺激煽情,但欧洲漫画充满个性与机智,具有很强的实验性和探索性,在艺术性和学术价值上更胜一筹。

日本漫画是在欧美漫画的基础上发展而来的,虽然起步较晚,但在长期的竞争中自成一体,形成了自由、敏感、灵活多变的创作风格,其创作特点表现在对作品角色的偶像化和梦幻主义处理,如美少女漫画的格调轻松、风格细腻、造型甜美、故事流畅、人物较为写实,题材多为校园故事或神话传说,反映少男少女的情感和生活,颇能迎合学生口味,走的是偶像路线。

日本漫画《犬夜叉》
(图片来源:百度图片)

---

① 马晓峰:《漫画技法》,上海交通大学出版社 2009 年版,第 4—7 页。

在整个动漫产业中，漫画是动画的基础，也是整个动漫产业的创意源头。以日本为例，自手冢治虫在 1963 将他的漫画《铁臂阿童木》改编成电视版动画后，日本的动画制作一直以漫画为基础，动画片中至少有 2/3 以上的内容来自原创漫画，可见漫画在整个动漫产业中的重要性。成熟的漫画市场中，其漫画的题材高度细化和专业化，包括有 SF（科幻、推理）、体育、讽刺、笑话、恋爱、校园、饮食、历史、商业等各种故事，在每一个题材下面还可以根据读者的年龄、职业、风格等划分为不同的类型，以女性漫画作品为例，就可以分为少女型、职业女性、家庭主妇等，以此满足不同消费群体需要。

日本的漫画产品种类繁多，最常见的是漫画连载杂志和漫画单行本两种，其中连载杂志可以征集第三方广告费用，而漫画单行本则是完全靠消费者的自愿购买。通常情况下，一个卡通形象首先通过漫画杂志连载的方式进入市场，如果市场反响好，便开始发行漫画单行本，然后再改编为电视动画片或动画电影，同时也开发相应的周边产品。这种以漫画产品为诱饵，不断试探读者口味，并且根据市场反应调整完善自身创作，从而逐步扩大产品影响，不断推出后续的动画电视剧与周边产品的制作销售策略，已经成为日本动漫产业最成功的经验，并且值得我们借鉴。

9.1.2 动画片的制作

动画片是连续播放一系列画面，给视觉造成连续变化的图画。动画片的制作和电影、电视一样运用了视觉滞留原理，因此理论上动画师每秒钟要画 24 张画才能保持画面的流畅感，如迪斯尼的动画电影和早期动画片《猫和老鼠》都是每秒播放 24 张画面，但因为数字庞大、制作成本高昂，所以在一般的动画片中难以达到这个数字，人们现在看的通常是每秒张数为 12 张左右的动画片。

人物设计师在工作

（图片来源 http://www2.flash8.net/teach/3339.htm）

一部完整的动画片，制作起来包含了五个阶段的工作，它们分别是：创意策划、前期准备、中期作业、后期合成、产品制作。①
(1) 首先由策划人员提交策划方案，然后制片人根据市场需要考虑提案，并最终决定创意通过与否。(2) 当创意策划得到制片人同意后就可以开始进入动画片制作的前期准备工作，导演根据制片人意见进行统筹管理，具体内容包括脚本、造型设计、背景设计等。在这个阶段中，导演会和制作人以及各个脚本作家进行讨论并敲定脚本，紧接着分镜图师或副导演便根据脚本做出分镜图，然后导演还会根据脚本与人物造型设计师、机械造型设计师和美术设计师等进行讨论，确定各项设计方案，再接下来每个部门就可以按照设计方案进行分工，各负其责。(3) 中期作业包括构图、着色、特效、摄影等多个专业的工作，门类繁多、程序复杂。中期作业是动画制作的关键环节，因为动画作品是在这个阶段基本定型。
(4) 后期合成工作主要包括配音、剪辑、音效添加、配音处理等，动画作品到此定型，并成

---

① 《日本动画制作幕后完全流程揭秘》，http://www2.flash8.net/teach/3339.htm。

为一部完整的动画作品。(5)产品制作的形式多种多样,根据销售渠道的不同可将动画片分为以下三种常见类型:剧场版,在电影院放映,通过票房和广告等获利;TV版,在电视台播放,通过播映权、广告等盈利;OVA版,不经公共媒介传播,直接发售的动画片原版录像带、VCD、DVD等。

动画产业的运转需要大量资金,制作费用也十分高昂,以国产2D动画片为例,不同等级的产品制作运算费以每分钟计算分别为:A级/2—3万元、B级/1.3—1.8万元、C级/1万元、D级/0.6—0.8万元。为了筹措资金,分散投资风险,通常在动画片大规模制作前,要对样片进行国内外预售和预先"分割版权,积极开拓融资渠道",具体而言就是在动画片策划阶段和样片制作出来后进行版权分割,由动画前期策划运营公司联络各类发行媒体(电视台、图书出版商、影像发行商等)以及可能成为衍生产品生产和经销的各类企业和商家(电子业公司、风险投资公司、儿童食品玩具公司、房地产公司等),争取他们的认可和投资,将动画片的版权按照所需预算加以分割,并按一定额度首付部分资金,为动画片筹集启动资金。这样做,既可以把动画产业价值链上的各个环节联合起来,共同开发市场,同时也使动画片还在创意阶段就逐步经受市场检验,降低投资风险。①

9.2 动漫产业的模式

动漫产业是一种高投入、高风险的创意产业,其商业模式的确立对产业发展具有至关重要的意义。总体而言,成熟的动漫产业模式应具备以下三个方面的特征:一、对原有模式的重组和创新;二、对传统思维和行业界限的突破;三、可持续性和不可复制性,防止被竞争者模仿或替代。全球有两大动漫产地,一个是美国,一个是日本。美国是动漫产业的发源地,其发展是大而全的集团垄断模式;日本自上世纪70年代开始承接美国动画业的加工制作,80年代依靠高质量的动漫产品开始对美国进行文化入侵,其产业特点是创作和制作企业小、散、多,以原创为主,外包为辅。

9.2.1 美国、日本动漫产业

美国动漫产业历史悠久,早在1937年,迪斯尼公司制作了世界上第一部动画电影《白雪公主和七个小矮人》,由此开创世界动画电影先河,战后美国动画市场空前繁荣,动画制作公司大量涌现,逐渐形成了一套完整而成熟的动漫产业发展模式。首先,美国动漫产业拥有一批特大型动漫企业,这些企业拥有报纸、杂志、电影、电视等多种媒体,实现了跨媒体经营。其次,由于好莱坞的动画电影制作发达,为动漫产业提供了丰富的智力资本和发展动力。再次,由于动漫企业之间的相互配合、优势互补,尤其是电影公司与专业动画工作室之间的完美组合,实现了一种强强联合的运作模式。

总的来说,美国动漫产业的市场化程度高,一切动漫产品均以市场需求进行创作开发,拥有完备的市场调研、制作、宣传体系、发达的衍生产品、授权业和强大的终端销售能力。②

---

① 王冀中:《动画产业经营与管理》,中国传媒大学出版社2006年版,第42—45页。
② 中宣部文化体制改革和发展办公室:《国际文化发展报告》,商务印书馆2005年版,第149—151页。

美国动漫产业通过将低附加值的动画加工转移到国外和特许经营、形象授权的方式开展全球化经营战略,获得了高额回报,同时由于美国在动画技术方面的领先优势,使得美国得以主宰全球市场。此外,美国特别注重版权开发和保护,制定有严格的知识产权保障制度,确保了动画产品权不受侵犯,这些都有力保护并推动了美国动漫产业的良性持续发展。

日本动漫产业起步比美国晚,但是发展迅速,20世纪60年代,漫画家手冢治虫将漫画《铁臂阿童木》改编为日本第一部电视连续动画片,日本动漫产业由此逐渐形成。日本动漫最初以模仿美国起家,之后逐渐探索适合本国发展的新模式,上世纪80年代确立的制作委员会(如图1①)是日本动漫产业发展的主流模式,2003年以后引入有限责任合伙机制。日本动漫产业的商业模式发展始终贯穿两条主线:一个是不断降低参与企业的经营风险,另一个是不断强化中小企业的分工合作,尤其是制作委员会在其中发挥了积极的推动作用。

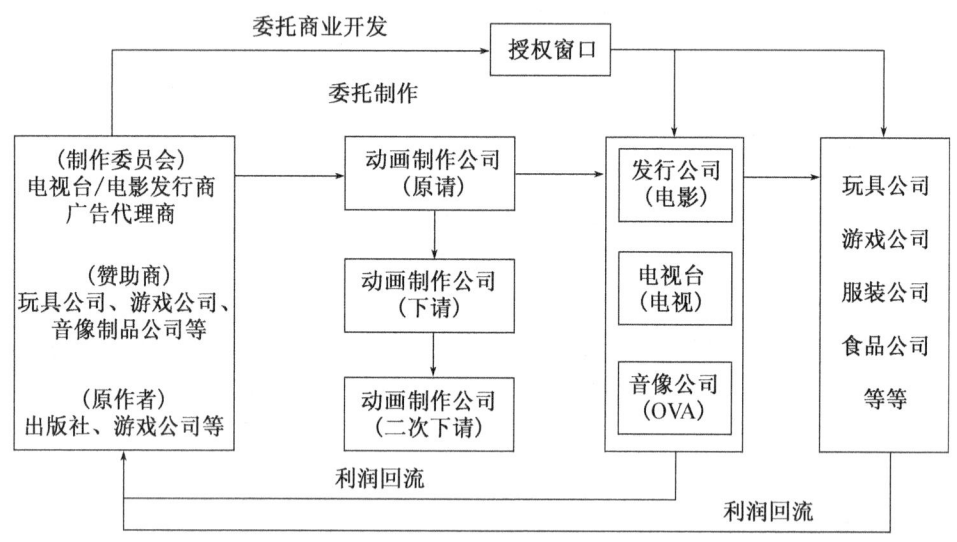

制作委员会模式图

> **扩展阅读 9.2**
>
> 动画工作室——个人与企业的集合
>
> 日本的动漫产业之所以如此发达,一个重要原因在于实行了个人与企业相结合的生产营销模式。据韩国文化体育部数据显示,在世界动画片总计3 000亿日元的版权交易中,日本动画片占65%,在欧洲,日本动画片的市场份额更高达80%。要保证和维持如此惊人的动漫产品数量,得益于日本拥有庞大而灵活的动画专业制作公司(简称工作室),在全日本400多家动画制作企业中能够独立企划、制作并

---

① 吴湛微:《日本动画商业模式的演变及其借鉴意义》,《学术交流》2008年第11期,第246—247页。

发行的公司只有大约50家,其他大部分都是以承接画面制作为主的工作室或公司,如吉卜力工作室、东映动画、日昇动画、Madhouse、学习研究社等。

  这些工作室规模不大,但是制作出来的产品具有个性化、专业化的特点,它们通常只负责漫画、动画、游戏的创作和生产,而流通领域的播放、包装、宣传、营销等工作则由一些大公司的总监负责管理和运作,这种个人与企业的结合与分工大大加快了日本动漫内容产业的进程和发展水平,解除了创作者的后顾之忧,让他们能够更加专注地投入创意生产中去。

吉卜力工作室图标

东映动画图标

(图片来源:百度图片)

  制作委员会是由多家企业根据具体动画项目组建,负责项目投资、策划和管理的临时商业合作组织,其特点主要有:一、投资分散化,制作委员会成员共同承担动画制作成本,以此减轻个体投资者负担;二、制作分业化,制作委员会负责筹集资金和确定制作方向,动画制作公司受委托负责处理后续工作,以此产生既竞争又合作的企业网络;三、运作窗口化,制作委员会将后续事务授权给各种商业机构处理,最后的销售收入扣除窗口手续费后又全部返回委员会,从而实现专业化的经营效果。制作委员会模式让许多动画制作公司规避了风险,但由于绝大部分利润被投资者瓜分,令动画制作公司权益受到很大损害,不利于动漫产业的创新,因此从2003年以后日本政府开始致力于探索新的商业模式来改进日本动漫业的发展。

9.2.2 中国的动漫产业发展

  中国的动画片制作历史悠久,早在1926年,作为中国动画创始人的万氏三兄弟——万籁鸣、万古蟾和万超尘就制作出了中国的第一部动画片《大闹画室》,1941年他们又完成了中国乃至亚洲第一部动画长片《铁扇公主》。建国以后,上海美术电影制片厂生产了一系列优秀国产动画片,如《大闹天宫》、《哪吒闹海》、《小蝌蚪找妈妈》、《雪孩子》,到了上世纪80年代更是诞生了如《黑猫警长》、《邋遢大王》、《舒克和贝塔》、《葫芦兄弟》等家喻户晓的系列动画电视剧。尽管中国动画人在早期凭借高超的技艺,创作出精彩丰富的动画作品,但是伴随全球动画产业的崛起,中国动漫制作的数量和水准已远落后于其他国家,其动漫产业还处于初级阶段,亟待开发和提高。

　　1961《大闹天宫》　　　　　　1987《葫芦娃》　　　　　　2007《秦时明月》

(图片来源:百度图片)

　　据统计,在我国青少年最喜爱的动漫作品中,60%产自韩国和日本,29%来自欧美,11%来自中国内地和港台,整个动漫产业的原创能力低下,而具有国际影响力的品牌和作品更是缺乏。我国目前真正有独立创作、制作能力的本土动画生产机构数量稀少,只有中央电视台动画部、上海美术电影制片厂和民营的湖南三辰等,其他绝大部分的动画制作公司都是加工企业,为日、韩、美等国家和地区的动画片承担加工外包业务。[①]

　　虽然中国有着巨大的动漫消费市场,但在电视台播出的动画片节目中,国产作品只占到15%的比例,其余全靠从日本和欧美进口,一方面,有限的产业供给和强大的市场需求之间存在着巨大矛盾,急需扩充动漫产业规模;而另一方面,已生产的动漫产品从质量上来说良莠不齐,整体素质较低,更是制约和阻碍了产业发展的活力和后劲。究其原因,主要有以下几方面问题:

　　1. 内涵不足,缺乏创新。国内动漫数字娱乐业在自主研发和内容原创方面能力较低,大部分停留在单纯地复制和移植阶段,在人物形象、故事情节、语言风格、画面质感等方面都难有突破,不能自成体系,模仿抄袭的痕迹严重,因此难以获得观众认同,而且也有损国产动画的形象。

　　2. 产业链断裂和倒置。[②] 根据国外动漫产业的经验,成熟的动漫产业链通常可归纳为"动画图书制作——动漫产品播出——动漫形象衍生品推广"这一系列过程。但我国已形成的动漫产业链是"项目创意与策划——投资融资——生产制作——播出播映——音像出售——图书出版——形象授权——衍生品开发和营销——新项目策划"。在这样的动漫产业链中,动漫制作公司处于上游、做动漫形象推广的代理商处于中游,而出版社则处于下游,这与动漫大国的产业价值链排序恰好相反,这种模式让图书出版商异常被动,完全依靠产品开发商提供内容,同时还要受电视播放地区、播放频率和播放效果的影响和

---

① 厉无畏:《我国动漫产业发展四大难题亟待破解》,《经济参考报》,2007年5月25日。
② 包晓光、徐海龙主编:《中国当代文化产业导论》,北京大学出版社2010年版,第288—290页。

约束,这不仅让动漫公司承担巨大风险,而且让投资商信心不足,造成产业融资困难,严重阻碍了动画制作公司的生存与发展。

3. 后劲不足,软实力欠缺。其实国产动画中也不乏像黑猫警长、宝莲灯、喜羊羊等优秀作品,但总的来说一开始都很红火,时间一长便风光不再,甚至销声匿迹,很难获得长时间的增值和产出,究其原因一方面是因为产业链尚未建立成熟起来,另一方面则是因为盗版猖獗,假冒伪劣产品不断挤压和吞噬正版产品的生存空间,从而严重损害了原创动画企业的合法利益。据统计,目前市面上售卖的喜羊羊玩具有80%以上都是盗版产品,而广州原创动力在制作该产品时共投入2000万元,如果以市面上盗版喜羊羊所占比例估算,相当于制作者损失了4倍于现在的收入。与此同时,一旦这些盗版产品由于产品质量不佳出现问题,反过来又会损害正版产品的声誉和形象,可谓贻害无穷。由于我国目前的知识产权保护体系不健全,打击盗版力度有限,加上动漫创作人才(尤其是高端人才)奇缺,这些都使得动漫产业在软实力建设方面还很落后,即使是在资金、设备等硬件条件比较充足完善的情况下也不易取得持久发展,从而显示出整体性的疲软乏力。

9.3 动漫产业创意策划

创意是动漫产业的生命,好的创意加上成功的营销方法可以使单个零散的动漫产品增值为强大的动漫品牌。动漫创意不是孤立的艺术家工作,而是一个高度复杂精密的策划活动,在进行创意时需要遵循以下几个原则:一、设计优秀的故事人物,打造成为动漫明星,利用明星效应带动相应的形象衍生品制作;二、深度开发,持久赢利,对产品进行持续性的、专业性的全面开发,不断延长产品生命周期;三、明确市场定位,把握目标消费群体,有针对性地开发动漫形象和动漫产品,精耕细作,最大地满足不同客户的多种需要,形成品牌忠诚度。

9.3.1 动漫产业中的产业链布局

目前国内原创动漫从整体上讲还无法形成品牌,究其原因,一方面是原创力量不足,规模和质量都不高;另一方面更关键的问题则是国产动漫在市场营销方面创意不足,缺乏整体规划和长远统筹。完整的动漫产业通常会涵盖出版、艺术、科技、传媒、商业等各种行业,其产业链从期刊图书出版、影视制作、音像、电子游戏、教育软件产品的开发扩展到玩具、文具、包装、服装等衍生品的生产,再延伸到旅游、会展、连锁餐饮等行业,其涉及的企业之多、范围之广都要求制作者必须从产业链,即整体利益的角度出发进行项目策划。

据统计,国内5 400多家动漫企业中,拥有相对完整产业链的动漫企业仅有10%左右,而对衍生产品的投资更是严重不足(占总投资10%),从而导致了国内动漫产业高投入、低产出、低附加值的尴尬处境。反观美日动漫则将40%左右的资金投入动漫产品的后期推广,从而创造出堪称经典的动漫品牌,如《变形金刚》打造了"影视业+玩具业"产业链的典范,《圣斗士》打造了"影视业+图书出版业"的产业链,《生化危机》打造了"网游业+影视业"的产业链,这些成功的产业链经营模式和营销经验,尤其值得中国动漫业学习并借鉴。例如美国的迪斯尼公司最早以制作动画片米老鼠起家,经过半个多世纪的开拓发展逐渐成为今天驰名世界的媒体帝国，借助的就是产业链模式，如下图①。

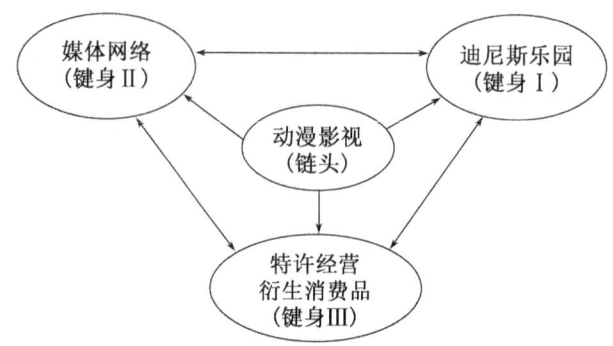

迪斯尼公司原是一家小型动画片制作公司，但一开始就非常重视内容生产、追求创新，它于 1923 年推出的《爱丽丝》系列制作精美，米老鼠系列更是精益求精，卓越的品质使它马上脱颖而出成为当时顶尖级的公司，其动漫影视制作也成为迪斯尼公司产品链的源头和母体。接下来，迪斯尼公司于 1955 年建立了首个以动画为主题的大型游乐场（迪斯尼乐园），标志着它的经营范围从纯粹的动漫产品扩展到文化旅游业，其发明的"体验式营销"更是每年为迪斯尼公司创造了 40% 以上的利润，作为公司经营的主体业务成为其产业链的链身 I。与此同时，迪斯尼公司利用自己的明星卡通的号召力将触角和经营范围延伸至整个媒体，通过自办频道、兼并其他公司等方式不断扩张自己的事业版图，仅名下的 ABC（美国广播公司）就拥有 226 家附属电视台、4600 个附属广播台。这些传媒机构一方面借助迪斯尼丰富的内容产业资源来扩展和提升自己的业务，另一方面，迪斯尼公司也可趁机更好地宣传自己的产品，为迪斯尼的产业链增加筹码，传媒业不愧为迪斯尼有效掘金的又一产业链身 II。

此外，特许经营与衍生消费产品作为其产业链身 III 也是迪斯尼赢利的重要法宝。迪斯尼通过售卖卡通形象版权从各商家取得特许经营费，全球约有 4 000 多个特许经营店，仅此一项的经营额就高达 10 亿美元，而围绕其影视节目开发出来的录像带、影碟、玩具、纪念品、书籍等产品更是不计其数。迪斯尼集团正是以动漫影视为母体，以媒介文化、主题公园、衍生产品及特许经营为链身，将四大领域业务紧密相连，相互融合促进，构建出了今天这样一个立体交叉式的钻石型产业链布局，从而为集团创造出源源不断的财富和价值。可以说，动漫产业若要获得真正发展就必须重视衍生产品的营销并和相关产业合作，不断扩展自己的市场领域。

9.3.2 动漫产业的品牌扩展

动漫产业链具有交互性的特征，"交互性是指动漫产业链上各个节点不再是单一上下游的关系，而是双向互动的关系。"②可以说，动漫作品的制作构成的是一个纵向价值链，与此同时它又和其他相关联的企业和部门重新组织，形成跨界式的融合与创新。这意味

---

① 谢婉若：《迪斯尼传媒集团产业链经营模式分析》，《时代教育》，2006 年第 12 期，第 137 页。
② 孙启明、郭玉锦、刘宇、曾静平：《文化创意产业前沿（希望：新媒体崛起）》，中国传媒大学出版社 2008 年版，第 121 页。

着内容产业所生产的漫画和动画作品需要和其他产业实现资源共享,才有可能将整体的价值链创造的利润最大化,而要实现这一目标就要不断开掘有价值的节点,努力寻求不同产业和部门间的分工合作,从而建构一种立体交互式的多维关系网络,而在构建的过程中,品牌策略则是最基本、也是重要的一环。

品牌可以被看成是企业和它所生产的产品具有的某种形象和口碑,它是一笔优质的无形资产,可以为企业创造巨大的经济效益。动漫产业的品牌打造通常有两种形式,一种是打造知名企业品牌,如迪斯尼、皮克斯、梦工厂等,另一种是打造动漫明星,如米老鼠、变形金刚、机器猫等。要实现这两项目标,要求开发商在创意之初就要考虑如何开发经营衍生产品。动漫衍生品的品牌延伸模式一般有两种:

1. 由动漫制作企业直接进行衍生品开发。如《变形金刚》是先出玩具,一炮而红后再出图书、动画片和电影。这种模式获利丰富,但是风险高,一般仅适用于一些实力雄厚、经验丰富的资深企业。

2. 由动漫制作企业对卡通品牌进行授权经营。如湖南三辰集团开发的蓝猫卡通系列将自己拥有或代理的动漫品牌或商标等,以合同的形式授予其他商家使用,主要形式包括商品授权、促销授权、主题授权、通路授权。这种模式获利不高,但是风险较小,并且在向国际推广时可以成功绕过当地的贸易保护措施,通过向对方的衍生品生产商出让代理权进行利润回收,因此国内中小型动漫企业大多以这种特许授权模式为主,即将动漫衍生品的开发权和代理权外包。

动漫品牌的延伸并不是一个直线单向性的模式,而是一个开放多元化的网状结构,未来的动漫产业品牌发展方向就是要将动漫产品的形象资源进一步向其他各个领域全面渗透,这要求动漫制作企业在进行创意时应做到多元化,也就是说动漫产业链的起点并非一定是动画和漫画,因为某个新奇的创意、主题或构思都可以成为点石成金的法宝,当创意表现的形式多种多样后就能具备向多行业扩展的潜能。如日本著名动画片《名侦探柯南》自1995年问世以来销量已过亿,而衍生产品更是产量惊人,从ACG(animation动画、comic漫画、game游戏)到DVD、服饰、模型等副产品一应俱全。更令人称道的是,鸟取县北荣町作为"柯南之父"青山刚昌的故乡别出心裁,以柯南动画片为原型,仿造故事中的场景、人物和情节修建了一座独一无二的柯南小镇。这里有"柯南大道"和"柯南大桥",上面的标志牌、浮雕、铜像、井盖均以柯南为主题,图书馆、小学校、商店等地到处是柯南的铜像,每逢碰到麻烦事,人们的口头禅是"请柯南来解决",就连当地居民的户口簿、居民卡等各种证明也被印上了柯南的形象,让所有游客恍如置身于柯南的漫画世界,如梦如幻。

柯南小镇

（图片来源：http://sdxbepaper.cqnews.net/sdxb/html/2008-05/29/content_186917.htm）

北荣町的这一举措无疑打造了一个完美的动漫＋旅游的双产业链组合，并且由于其特殊的地位和身份难以被人模仿和替代，是动漫品牌多位扩展的一个成功案例。总体而言，我国的动漫产业现进入新兴快速发展通道，在未来的发展过程中，动漫企业与其他企业或行业的融合是大势所趋，如3G与动漫的融合、玩具与动漫的融合、服装与动漫的融合、文具与动漫的融合等，将不断推进动漫产业的更新，其商业运营和赢利模式也将越来越合理、科学、清晰。

通过对本章相关知识的学习活动及案例、训练，您的收获和启示是什么？请结合实践，谈谈您对我国动漫产业发展现状及未来的认识。（有条件的情况下可考虑进行小组讨论）

第十章 网络文化产业的创意与策划

 导　言

> 网络文化产业是在信息产业与文化产业、网络产业与内容产业的交融激荡中崛起的一个新的产业。近年来,伴随互联网技术的迅猛发展,以高速宽带和移动互联网等技术为载体的信息化和网络化潮流正涌入人们的日常生活。大众对网络的体验早已不再是简单网页浏览,博客、播客、网络游戏、QQ、微博等一大批网络新形态应运而生,随之而来的是全新的个性化、交互式网络新体验。与之相对应,网络文化产业正日渐成为文化产业高速发展的新领域。

 任务描述

☞ 学习掌握网络文化产业创意的特点及策划原则和方法
☞ 学习掌握网络游戏、网络时尚文化产业等网络文化产业的特点和策划技巧

 学习目标

☞ 学习 Web 2.0 时代网络文化产业的特征与创意特点
☞ 掌握网络文化产业策划的原则与方法
☞ 了解网络游戏业的创意与策划
☞ 了解网络时尚文化产业的创意与策划

10.1　网络文化产业创意的特点是什么?

伴随着网络文化的兴起,网络文化产业应运而生。网络文化产业是一个外延较为广泛的概念,在国际上又被称之为"数字内容产业"或"数字娱乐产业"。简单地说,网络文化产业是指那些基于网络平台进行文化内容的生产、制造和传播的产业。网络文化产业的核心是"内容产业",是网络产业与文化产业、信息产业相互跨越并相互融合的产物。从产业角度看,网络文化产业可分为两部分。其一是传统文化产业的网络化和数字化,比如数字图书馆、数字电影等;其二是以信息网络为载体,形式和内容都有别于传统文化的新型文化产品,比如网络游戏、微博等。本章所讨论的网络文化产业,主要指后者。日益普及

的宽带网络和无线应用,使人们对数字娱乐和内容的需求远远超过从前。网络文化产业正逐步在全球形成一种产业,并保持着高速发展的势头。

> **扩展阅读 10.1**
> 网络文化:网络文化是互联网与文化艺术相结合的全新社会文化现象,它集中体现为文化内容、表现形式和传播手段的全方位创新。网络文化是文化与科技融合创新的产物,它的出现深刻地影响甚至改变了人类的行为习惯和生活方式。

10.1.1 网络文化产业的特点

网络文化产业表现出区别于其他产业的特点,具体来说体现在以下几个方面:

1. 依靠灵感和创新

网络文化产业的发展依据的是网络平台,创造的是文化内容。然而,无论是网络平台的设计,还是文化内容的创造,都依赖于灵感和创新。因此,网络文化产业比其他产业更加重视头脑和创造力,也更加注重创意与策划。

2. 个性化和全球化

网络文化产业是基于互联网的传播而快速发展起来的。在 Web 2.0 时代,网络文化产业提供的产品和服务都是具有个性化的产品,用户可以根据自己的爱好进行选择和订购。与此同时,伴随着信息技术和经济的全球化,文化产业已经突破时间和空间的限制,成为全球化、全时空的新型产业。

3. 投入产出比高

网络文化产业既属于一种文化产业,又属于一种互联网产业。它可以在很短的时间里回收投资,创造高价值。在 Web 2.0 时代下,网络文化的特点是共享,产品可以转化给无数用户同时使用。因此,在一定的产品或服务成本下,网络文化产业的产出却可以是无限的。

4. 创造财富的同时传播文化

作为一个特殊的文化产业,网络文化产业通过提供精神层面的产品或服务来创造价值和财富以获取利润。因此,网络文化产业在提供产品和服务的过程中,也渗透并传播着价值观、思想和文化。①

10.1.2 典型的网络文化产业

从创造的不同网络文化产品出发,网络文化产业可以被细分为多种类型。网络游戏产业和网络时尚文化产业是本章主要聚焦的两种典型网络文化产业。

网络游戏业是伴随着网络游戏的迅速发展而产生的产业,也是网络文化产业中发展最快、利润最大的朝阳产业之一。作为一种迅速发展起来的新型娱乐消费产品,网络游戏是以计算机软硬件技术、宽带互联网技术和无线技术的架构为技术核心,以各种文化艺术为内涵,涉及文化历史、意识观念、流行时尚等文化内容而实现的一种特殊的电子消费产品。网络游戏既涵盖音乐、故事、影像、通信与计算机技术等元素,又把这些因素集合起来

---

① 严三九、王虎:《文化产业创意与策划》,复旦大学出版社 2011 年版,第 172 页。

形成一种全新的电子娱乐产品，从而对消费者产生巨大吸引力。

大型网络游戏《魔兽世界》界面图
（图片来源：百度图片）

网络时尚文化产业则是伴随着"Web 2.0"时代的到来而逐渐发展起来的网络文化产业，它的出现宣告了"自媒体时代"的真正到来。当代互联网已经进入"以人为中心，以共享为基础"的Web 2.0时代。因为互联网技术和产品的发展，网络彻底改变了单向地对用户输出信息的传播模式，而成为用户共同参与建设的交互平台，每个人都可以运用网络创造内容、传播信息。用户成为真正意义上的主体，实现了互联网生产方式的根本变革。

10.1.3 网络文化产业创意的特征

不断追求创新是网络文化产业生存和发展的根本动力。创新来自于创意，在Web 2.0时代下，网络文化产业的创意表现出很多新的特征，总体而言可以概括为以下几个方面。

1. 服务驱动

Web 2.0时代下网络产业的创意对象已经从产品转向了服务。近几年，面向产品创新的网络文化企业陆续衰落，而面向服务创新的网络文化企业则纷纷兴起。美国Google公司便是服务创新驱动的代表。Google创立之初主要为用户提供搜索服务，此后伴随用户规模的不断扩大，Google也不断通过持续的创新为用户提供全方位互联网服务，推出包括Goggle Mail（邮件服务）、Google Map（地图服务）、Googk Talk（通讯服务）、Google Write（写作服务）、Google Reader（阅读服务）等几十种服务项目。时至今日，Google公司不仅是全球最优秀的搜索引擎提供商，也是全球业界领先的互联网综合服务企业。

2. 用户参与

Web 2.0时代网络服务内容与质量的提升越来越依赖于普通用户的参与。中国Web 2.0时代的代表网站豆瓣就抓住了这一点，他们通过使用用户自由选择的关键词标签（tags）对网站进行协作分类而构成豆瓣网站的全部主体内容。由于这些标签运用了如同大脑思维时所使用的多重叠关联，因而基于这种关键词标签的检索服务能为用户提供更好更贴近需求的信息服务。同样，维基百科等网站之所以取得了成功，其原因就在于抛弃了传统的通过增加服务器来提高服务质量的方式，转向由用户参与并让用户贡献各自的信息资源与智慧进而提高服务内容的质量。所有这些创意行为的实现，无一不依

Google 服务产品界面图
（图片来源：Google 网站截图）

赖于用户的参与。目前国内汹涌澎湃的微博大潮更是用户参与的典型写照。这种交互式的新型网络服务,让数以万计的用户投入到互联网世界,所有的参与者共同为网络经济的发展提供源源不断的动力。

新浪微博界面图
(图片来源:新浪微博网站截图)

3. 集体智慧

Web 2.0 时代的另一个显著特征就是利用集体智慧,这一点对于网络文化产业的创意显得尤其重要。Google 在搜索引擎方面的技术突破在于 PageRank,而 PageRank 所利用的正是成千上万网络用户建立的网络链接结构;电子商务网站 Amazon 销售额远远超出竞争对手,其主要原因在于 Amazon 拥有比其竞争者高出一个数量级以上的用户评价。所有这些成功案例都告诉我们,Web 2.0 时代网络文化产业的创意必须依靠集体智慧的力量。

4. 内容聚合

与 Web 1.0 时代信息共享主要是静态信息之间的链接不同,Web 2.0 时代将信息共享的方式从静态信息转向了内容聚合。信息是网络文化产业产品或服务的核心内容之一。因此,如何有效地共享信息、聚合内容是网络文化产业进行持续创新的主要目标。目前国内如雨后春笋般冒出的 Web 2.0 网站就是这种内容聚合创新的典型例子,这些网站通过 RSS 技术将文字、图片、视频、音频等多种信息汇集在一起,不断进行内容创新,为用户提供了更多元的产品选择。

5. 重视长尾

Web 2.0 时代的服务模式与 Web 1.0 时代相比的一个重要变化就是,重视长尾。Web 2.0 时代下的网络文化产业创意也出现了类似的变化。我们发现越来越多的网络文化产业公司开始逐渐减少对于所谓"顶级用户"的关注,转而面向那些小客户或大众客户。通过为大量的人群提供创新产品或服务,获得区别于其他公司的竞争优势。这一点在网络游戏市场表现得尤为突出。

> **扩展阅读 10.2**
>
> "长尾理论":"长尾理论"(The Long Tail)是网络时代兴起的一种新理论,由美国人克里斯·安德森提出。长尾理论认为,由于成本和效率的因素,当商品储存流通展示的场地和渠道足够宽广,商品生产成本急剧下降以至于个人都可以进行生产,并且商品的销售成本急剧降低时,几乎任何以前看似需求极低的产品,只要有卖,都会有人买。这些需求和销量不高的产品所占据的共同市场份额,可以和主流产品的市场份额相比,甚至更大。
>
>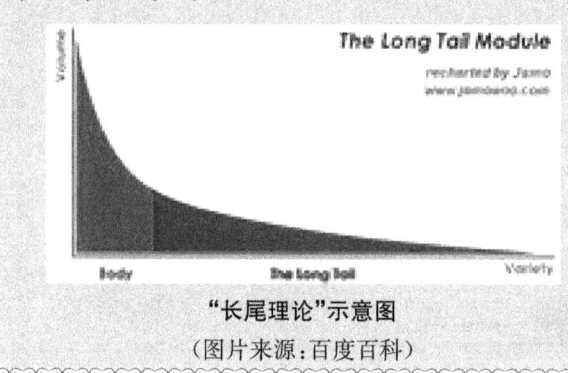
>
> "长尾理论"示意图
> (图片来源:百度百科)

10.2 网络文化产业策划的原则

网络文化产业在当今以知识经济为主导的时代异军突起,凸显出巨大的发展空间和市场潜力。但是,作为一种新的产业经济形态和文化形态,当前中国的网络文化产业处于发育期,面临诸多挑战。在互联网技术高速发展的当下,网络文化产业的创意与策划决定着网络文化产业未来能否在经济舞台上扮演更加重要的角色。

10.2.1 网络文化产业策划的目标

网络文化产业策划基于以下策划目标:

1. 唤醒需求。伴随着人们物质生活水平的提升改善,人们在日常生活中对文化产品的需求也开始发生巨大变化。这种变化主要体现在两个方面:(1) 社会的进步与人们精神生活的变化在要求社会生产出更多的文化产品去满足人们日益增长的文化、精神需要;(2) 人们对过去单纯的物质产品提出了更高的文化要求,希望产品的文化内涵不断提升,以提高产品的档次与品位。需求的变化为经济的发展开拓了巨大的市场空间,也为产业的发展提供了更多新的潜在增长点。对于网络文化产业而言,如何通过合理的策划唤醒消费者的网络文化消费需求,将潜在的消费增长点变成现实的产业增长点,是网络文化产业策划的首要目标。

2. 拉动消费。网络文化产业是一个产业。既然是产业就必须能够创造产业价值、获得产业利润。因此,网络文化产业的策划必须有助于拉动消费者对网络文化产品或服务的消费,通过推动消费来促进产业进步,进而吸引更多的产业投资。在产业的起步发展阶段,尤其需要发挥产业策划的功能,扩大产业影响和规模。

3. 促进开发。网络文化产业的发展需要不断推陈出新的相关文化产品与服务。合理的产业策划应该有助于吸引更多的专业人士加入产品和服务的开发拓展,为消费者提供更多的产品和服务选择。产品和服务的开发过程其实也是一个创新的过程,它必将有利于网络文化产业的进一步发展,促进新技术、新业态和新理念的形成。

4. 宣传理念。网络文化消费是一种伴随互联网科技发展而来的新型文化消费方式。虽然这种新的方式具有很大的潜力和市场,但是对于大众而言,其意义和影响还存在一定争议。因此,要通过合理的网络文化产业策划,向公众宣传正面、积极的网络文化理念,倡导网络文化消费的方式,以更易让人接受的方式让人们转变观念,从而使这种理念和消费方式成为人们日常生活的一部分,推动和促进网络文化产业的发展。

10.2.2 网络文化产业策划的原则

为达到上述策划目标,网络文化产业策划应注意以下几个原则:

1. 结合消费需求,发掘文化资源。从一般意义上看,文化产业的发展必然离不开文化资源的利用和转化。网络文化资源的获取就是实现现实文化资源向网络的迁移,这种迁移不仅是现实文化资源的数字化,更应是现实文化资源在互联网技术和平台上的重组和整合。良好的网络文化资源的开发将有效提升文化资源的利用率,减少文化的传播成本,提高文化的交流速度。因此,网络文化产业的策划需要结合消费者的需求,在文化需求全球化、科技化、个性化、时尚化的新形势下,瞄准网络文化资源,通过不断对文化资源进行挖掘,创造出全新的网络文化平台,发掘出更多符合消费需求的产品或服务,进而有效地提高文化创造力。

2. 利用市场细分,把握产品前景。市场细分是企业根据消费者需求的不同,把整个市场划分成不同的消费者群的过程,其客观基础是消费者需求的异质性。在网络文化产业发展的初期阶段,策划的主要任务是明确消费者的不同需求,把握产品或服务的潜在对象和市场前景。

网络文化产品一般可以细分为三种市场:(1) 初级产品市场。主要指文化资源的数字化商业利用,如数字音乐、数字出版等。这类产品或服务在最初的网络文化产业中占有较大比例,也是网络文化产品的基础市场;(2) 中级产品市场。主要指将文化资源聚合后再创造和利用的产品或服务,如前文提及的搜索引擎和其他网络服务等。这类产品或服务的开发和提供需要一定的技术支持和信息基础,是网络文化产业的新兴市场;(3)高端产品市场。主要指文化资源的网络化、数字化再创造,如网络游戏等。这类产品或服务源自较强的技术支持,常常是最新科技进步的产物,是网络文化产业利润来源的主力军。基于上述市场定位,网络文化产业的策划应在明确自身产品或服务的市场定位后,准确把握自身产品或服务的目标客户和市场前景,协助企业在激烈的市场竞争中占据主动。

> **扩展阅读10.3**
>
> "注意力经济"
>
> 著名的诺贝尔奖获得者赫伯特·西蒙在对当今经济发展趋势进行预测时也指出:"随着信息的发展,有价值的不是信息,而是注意力。"这种观点被IT业和管理界形象地描述为"注意力经济"(the economy of attention)。"注意力经济"这一观点最早见于美国加州大学学者Richard A. Lawbam在1994年发表一篇题为《注意力的经济学》(The Economics of Attention)的文章。
>
> 最早正式提出"注意力经济"这一概念的是美国的迈克尔·戈德海伯(Michael H. Goldhaber)1997年在美国发表的一篇题为《注意力购买者》的文章。他在这篇文章中指出,目前有关信息经济的提法是不妥当的,因为按照经济学的理论,其研究的主要课题应该是如何利用稀缺资源。对于信息社会中的稀缺资源,他认为,当今社会是一个信息极大丰富甚至泛滥的社会,而互联网的出现,加快了这一进程,信息非但不是稀缺资源,相反是过剩的。而相对于过剩的信息,只有一种资源是稀缺的,那就是人们的注意力。

3. 注重网络内容,实现注意力经济向影响力经济转化。文化产业在很多时候都被人们称为"注意力经济"的代表。网络文化产业也经常被告诫要善于吸引人们的"注意力",并借此促进产业的发展。但是,我们必须注意到,网络文化产业作为文化内容产业的一支,相关企业必须首先认识到自己是"文化内容提供商"。缺乏文化内容的网络产品和服务终将被消费者和市场所淘汰。网络文化产业要想寻求良性发展,务必要将文化与产业、技术与艺术熔为一炉,为市场提供兼具娱乐性与实用性、具有文化内涵和审美趣味的产品。因此,网络文化产品不能仅仅停留在"吸引眼球"的"注意力经济"时代,而更应重视产品的实际价值和有效性,即以有效信息支撑的"影响力"。影响力才是真正的竞争力,网络文化产业只有实现从"注意力"向"影响力"转化才可能保持其可持续快速发展。

10.3 网络游戏产业的创意与策划

网络游戏可以说是互联网经济时代最早发展起来且营利模式最为清晰的网络文化产业产品。依托先进的互联网技术,网络游戏凭借其强大的仿真性、交互性,对大众、特别是青少年产生了强大的吸引力,成为网络文化产业乃至整个互联网行业重要的利润来源。在网络游戏产业中,一大批快速发展、高度获利的公司迅速崛起。然而,如何在激烈的竞争中获取市场,网络游戏产业的创意与策划也已成为相关从业者需要重点思考的问题。

10.3.1 网络游戏与网络游戏产业

网络游戏(Online Game)又称"在线游戏",简称"网游",指以互联网为传输媒介,以游戏运营商服务器和用户计算机为处理终端,以游戏客户端软件为信息交互窗口的旨在实现娱乐、休闲、交流和取得虚拟成就的具有可持续性的个体性多人在线游戏。1978年在英国的埃塞克斯大学,罗伊·特鲁布肖用DEC-10编写了世界上第一款MUD游戏——"MUD1",是第一款真正意义上的多人交互式网络游戏产品。这是一个纯文字的多人世界,拥有20个相互连接的房间和10条指令,用户登录后可以通过数据库进行人机交互,或通过聊天系统与其他玩家交流。伴随着互联网的迅速发展,当今的网络游戏以惊人的速度迅猛发展。

按照运行平台的不同,网络游戏可分为电脑网络游戏、视频游戏机网络游戏、手机网络游戏、交互电视网络游戏等类型。按照游戏内容和操作方式的不同,网络游戏又可分为动作类游戏、运动类游戏、角色扮演类游戏、战略模拟类游戏、棋牌类游戏等多种类型。伴随着网络游戏的迅速发展与网络游戏市场的不断壮大,网络游戏产业应运而生并快速发展。

10.3.2 网络游戏产业的创意

从网络游戏产品的特性出发,兼具中国网络游戏产业的特点,网络游戏产业的创意应重点把握以下几个方面:

1. 高体验性。网络游戏的特点之一就是用户可以自主选择社会角色。玩家就是故事的主角,他们用自己的游戏方式推动情节的发展。在网络游戏世界,通过扮演不同的角色,玩家可以拥有不同的武器和特点。在不同的角色扮演中,玩家体验了各种不同的情绪,带来心理层面的满足。由此,网络游戏产业的创意就是要准确把握用户的心理需求,提高游戏产品的体验性,从而满足用户在游戏过程中所寻求的体验需求。

2. 高投入感。网络游戏中的每一位玩家都渴望成功,"渴望成功"是网络游戏文化的关键词。随着游戏中等级的上升,玩家可以成为虚拟世界中的成功人士,带来成就感的极大满足。因此,网络游戏产业的创新与创意必须注重提高游戏的投入度,使用户一旦进入了游戏角色,就很容易被吸引。如2013年流行的手机游戏"保卫萝卜","保卫萝卜"是由"凯罗天下"开发的塔防游戏,游戏名本身赋予游戏者保护者的使命。游戏含有丰富的关卡和主题包,拥有各自风格特色的多种防御塔,有趣的音效设定和搞怪的怪物造型及名字

"保卫萝卜"下载页截图
(图片来源:"保卫萝卜"官方网站)

大大地增加了游戏的趣味性。玩家还可以收集道具和怪物,完成更多的成就。这些元素都使"保卫萝卜"成为老少咸宜、广受欢迎的手机游戏。

3. 高互动性。网络游戏最大的特点是高互动性。在原来的单机游戏中,娱乐只体现在用户与机器之间的交流,至多只能与少量的对手联机。而网络游戏则是成千上万用户通过网络这个平台实现互联。网络游戏中往往每一个用户都在影响他人,同时也在被他人影响。人与人之间的互动关联是网络游戏的乐趣所在。因此,网络游戏产品的开发和创意应考虑提升游戏的互动性,使产品更具有生命力,从而对消费者产生强大吸引。

4. 高流行性。从某种意义上说,网络本身就是时尚的一种。网络游戏要想获得成功就必须始终站在流行文化的前沿,广泛吸收时尚元素。伴随着互联网科技、电脑动画和多媒体技术的不断发展,网络游戏技术手段越来越丰富,制作越来越精美,这些都为游戏与时尚的结合提供了强有力技术支持。好的网络游戏创意就应为市场提供画面优美、音乐动人、技术成熟的网络游戏产品,以反映潮流文化的时尚元素,给用户提供高流行性的视听享受。

10.3.3 网络游戏产业的策划方法

网络游戏产业虽然发展迅速,但是从总体上看,作为一种新兴的产业类型,网络游戏产业的发展还处于初级阶段。因此,如何创新理念和有效策划推动产业进步是整个产业各方都应考虑的问题。具体而言,网络游戏产业的策划方法主要可以归纳为以下几种:

1. 坚持差异性,把握消费需求,打造特色游戏服务。互联网的普及、宽带资源的快速发展,促进了游戏产业的飞速进步。而网络游戏消费者需求的多样化,则加速了游戏产业朝着个性化、特色化的娱乐方向转变。未来产业发展将是多面性的,提供多样化、差异性的娱乐内容,满足消费者的个性需求,建立全方位的网络娱乐平台将为产业发展提供更多可能。网络游戏产业的策划,就是要敏锐把握消费者的潜在消费心理,通过提供特色产品和服务全面满足消费需求,实现对消费者的长久吸引力,推动产业进步。①

在中国的网络游戏产业中,"盛大"是一家重要的网络游戏运营商。盛大在网络游戏市场的成功却并不仅仅来源于杰出的运营能力,更是由于它能够敏锐地把握玩家需求,知道玩家想要什么,并以此为方向开发综合性的数字娱乐产品。盛大公司的《传奇》游戏是中国市场上第一款允许任意 PK 的游戏,PK 即网络游戏玩家之间在虚拟世界中决斗,之前这种决斗需要取得当事人双方的同意。这种游戏的出现正是满足了玩家在 PK 别人过程中带来的畅快感与成就感。一位玩家说得好:"我若不能随意 PK 别人,为何要花几千块去练级? 我的成就感又从何而来?"

2. 坚持文化性,挖掘文化资源,将文化与游戏有机融合。网络游戏归根结底是一种特殊的文化产品,对于网络游戏产业的策划应从文化资源的深入挖掘着手,寻找能够引发消费者兴趣,满足消费者游戏需求的有效文化资源。将文化资源与游戏设计有机融合,使网络游戏产品切合市场的需求点和效益点,获得消费者的欢迎和市场的广泛认可。

3. 坚持综合性,整合产业结构,搭建创新产业链。网络游戏之所以吸引用户,是因为其在新的媒介上还原了游戏的本源——人与人的互动。然而,这种互动情景在体现网络游戏乐趣的同时,也决定其产品提供不再能够由单个厂商独立完成。对于传统电脑游戏,

---

① 严三九、王虎:《文化产业创意与策划》,复旦大学出版社 2011 年版,第 181 页。

第十章　网络文化产业的创意与策划

传奇游戏界面图
（图片来源：百度图片）

用户只需要在电脑上安装游戏程序便可以实现运行，市场中体现的只是游戏开发商和用户之间简单的产品供求关系。而网络游戏涉及游戏需要接入网络这个关键问题，除了更高的技术要求外，必然呈现出更为复杂的产业合作和融合。一款网络游戏的实现，需要游戏开发商、网络运营商、游戏运营商、乃至游戏销售商、网络设备商之间的良好合作。因此，对于网络游戏产业的策划而言，能否搭建起连接上下游的综合性创新产业结构，是整个产业链能否成功的关键。①

4. 坚持原创性，推动自主创新，开发原创游戏产品。游戏开发商掌握着游戏的知识产权，也掌握着最灵活的经营方式和最丰厚的利润。因此，只有拥有自己的专门人才，开发自己的产品，才能拥有自己的网络游戏市场。一旦缺乏自主研发、自有知识产权的网络游戏产品，不仅要在代理授权、运营利润分成等方面被人分享利益，更为严重的是，由于版权问题制约，在技术支持、升级维护、周边产品的开发营销等方面都将受制于人。因此，网络游戏产业的创意与策划，原创性至关重要。只有推动自有知识产权网络游戏产品的研发，结合不同的社会体制、意识形态、文化传统和价值观念，开发出适合不同地区和国情的原创产品，才能满足不同用户的需要，在激烈的市场竞争中立于不败之地。②

10.4　网络时尚文化产业的创意与策划

网络技术的发展更新为人们带来了日新月异的互动平台，并改变着人们的交流方式。全新的网络平台满足了人们对网络交流的期待和要求，也使互联网成为了文化时尚产业的重要发源地。随着 Web 2.0 时代的到来，互联网为时尚内容提供了更广阔的舞台。以博客、播客、微博、微信等为代表的网络时尚文化迅猛发展，不但聚集了广泛的人气，也为

---

① 严三九、王虎：《文化产业创意与策划》，复旦大学出版社 2011 年版，第 182 页。
② 严三九、王虎：《文化产业创意与策划》，复旦大学出版社 2011 年版，第 183 页。

网络文化产业提供了全新的发展空间,网络时尚文化产业应运而生。

10.4.1 网络时尚文化与网络时尚文化产业

Web 2.0时代的到来加速了自媒体时代的诞生,以用户个体为中心的产品理念日渐盛行。以博客、播客、微博、微博等网络媒体形式为代表的网络时尚文化以迅雷不及掩耳之势进入人们的生活。与其他网络文化相比,网络时尚文化有其自身的特色,包括:

1. 个体性。网络时尚文化之所以能够盛行,很大程度上依赖于个体意识的觉醒。个体依据自我认识所表现出的意识、行为、思想、观念,使网络时尚文化成为一种真正意义上的个体文化。与E-mail、网站等传统的网络交流形式相比,微博之所以能够迅速取代它们成为大众信息交流的新宠,归根到底就是因为微博等网络时尚文化能够更为方便和快捷地发布更具个性化的信息,从而更好地张扬个体身份,获得他人的关注。

2. 实时性。网络时尚文化内容更新频繁,人们可以随时随地更新自媒体工具中的个人消息,几乎没有固定的周期。新的思想、新的观点和新的内容等每时每刻都在不断发布、积累、更新。因此,网络时尚文化也是一个极具实时性特征的新兴文化形态,并以其实时性吸引着人们的关注。

3. 共享性。网络时尚文化以一种共享的方式进行消息传播。在这一过程中,往往并不涉及市场交换,文化的生产过程同时也是消费过程。通过让自己的资源与他人共享或共享他人的资源,网络时尚文化获得了惊人的快速发展,成为网络文化领域的新生力量。

4. 互动性。Web 2.0时代网络活动的交互性体现在网络时尚文化中人们的交流多以对话的方式展开,消息的传播者和接受者可以实时互动,从而打破了传统传播媒介的单向传播方式。这种互动性使人们积极参与的意愿得以充分调动,实现一些在现实交往中难以实现的互动交流。

5. 多元性。互联网是一个开放的大平台,在这个平台上有来自世界各地的用户,每一个用户都具有属于自身的文化和思想。因此,当这些不同的文化和思想通过互联网被链接到同一个平台时,现实中因为时空等所造成的文化差异就会表现在网络文化中,使网络文化具有多元文化的特征,而这种多元性在网络时尚文化中表现得尤为突出。

在改变人们生活方式的同时,网络时尚文化同样也在改变着传统的网络文化产业。在传统的网络文化产业中,文化产品和服务的生产者和消费者被划分为两大阵营,人们不是作者就是读者,不是表演者就是欣赏者,不是传播者就是受众。但是,在以博客、播客、微博为代表的网络时尚文化产业中,生产者和消费者之间的分野被打破。在网络时尚文化产业中的人们往往既是作者也是读者,既是表演者也是欣赏者,既是传播者也是受众。这样的变化无论从产业形态还是产业方式上看都是革命性的。

10.4.2 网络时尚文化产业创意

网络时尚文化产业的创意应注重以下几个方面:

1. 注重交流与互动。在网络时尚文化世界中,交流与互动是永恒的主题,也是网络时尚文化产业的生存土壤。个人与他人、主体与客体、个体与群体之间的互动反馈,是网络时尚文化产业得以不断发展的动力之源。因此,在网络时尚文化产业的创意过程,创意者既需要主动地提供信息、传播信息,又要积极地接收信息、分享信息。

2. 强调个性与自由。网络时尚文化具有强烈的个体性和自由性特征。因此,网络时尚文化产业的创意应突出强调个性与自由,让每个参与者能在产品或服务的使用中展现自身丰富的个性,并能根据自己的兴趣、爱好与性格特点,自由使用网络时尚文化产品和服务。

3. 突出即时与共享。网络时尚文化产业的一个重要特点是内容的实时更新和共享。即时更新,不断积累,是网络时尚文化区别于其他文化的关键特征之一。即时性为网络时尚文化提供了鲜活动力,并得以吸引更多"潜在用户"的加入。共享性则是网络时尚文化的核心。网络时尚文化产业的创意必须突出即时性和共享性,帮助用户在即时的交流中实现资源共享。

4. 引领创新与发展。网络时尚文化的产生和发展得益于网络技术的不断创新发展,新技术是新的网络时尚文化形态产生的基础,而新的网络时尚文化产品的不断出现又推动着技术的不断更新。网络时尚文化产业的发展代表着文化与科技发展的潮流和趋势,因此,网络时尚文化产业的创意应始终立足于引领创新、谋求发展,通过不断创新获取更大的创意空间。

10.4.3 网络时尚文化产业的策划方法

网络时尚文化产业作为文化产业的新兴业态,对其进行策划应注意以下几个方面:

1. 坚持时尚性,通过策划创新,打造时尚文化。时尚与创新越来越受到网络文化产业的关注,以博客、播客、微博为代表的网络时尚文化产业自诞生之日起,就注定要依靠策划与创新才能做大做强。持续地打造网络时尚文化,保持创新性与时尚性,是网络时尚文化产业策划的必要手段。

2. 坚持传播性,依托主流媒体,实现媒介整合。在当前的国内媒体市场中,占据主力地位的仍然是纸质媒体、广播电视和门户网站,对于博客、播客、微博等新兴业态,如何利用具有规模效应的主流媒体实现资源流动和整合,是网络时尚文化产业策划必须重视的问题。网络时尚文化产业策划应充分利用自身的互动性特点,实现与传统媒体的有效联动,通过强强联合,整合媒介资源,扩大产业发展的空间,进而打造更具规模的网络时尚文化产业。

3. 坚持特色性,突出特色创意,形成比较优势。不论是品牌、策划还是互动,均依赖于特色和创意。因此,网络时尚文化产业的策划必须从特色创意入手,形成产品优势,打造独特品牌。

4. 坚持整合性,利用多种平台,打造综合性产业聚合体。网络技术发展日新月异,网络时尚文化产业要保持快速发展,必须充分整合多种网络平台,通过平台整合提供一键接入的产品与服务,为用户带来丰富便捷的网络时尚体验,打造综合性产业聚合体。

> 通过对本章相关知识的学习活动及案例、训练,您的收获和启示是什么?请结合实践,针对一个你感兴趣的网络文化产业进行产品设计。(有条件的情况下可考虑进行小组讨论)

第十一章　会展产业的创意与策划

导　言

会展作为文化产业中历史较为悠久的产业，早在19世纪下半叶就在欧洲各国开始发端。19世纪末，伴随着工业革命的推进，各种技术和产品通过博览会的方式展现于世人面前。1851年英国伦敦举办的首届工业博览会被视为近代国际会展业的开端。此后，国际会展业经历了产业化、市场化、主题多元化等几个阶段的迅速发展。由于会展业带来的经济效益巨大、社会效益明显，会展在全球各地越来越为人们所重视。近几年来，我国会展业进入了快速发展的黄金期，每年以20%—30%甚至更高的速度增长。

任务描述

- ☞ 学习掌握会展产业概述及创意特点
- ☞ 学习掌握会展产业的创意与策划

学习目标

- ☞ 了解会展产业创意的特点
- ☞ 掌握会展产业策划原则和方法
- ☞ 掌握会展活动的实践策划

11.1　会展产业是什么？

国内开始正式提出会展产业大约在1998年至1999年之间，近几年来取得了高速发展。国外专家认为会展产业对相关产业具有1∶9的拉动作用。会展业不仅能带来场租费、搭建费等直接收入，而且还能拉动或间接带动数十个行业的发展，如商业购物、餐饮、住宿、娱乐、交通、通讯、广告、旅游、印刷、房地产等；另外，会展上不仅能积聚人气，而且能促进各大产业的发展，对一个城市或地区经济发展和社会进步产生重大影响和催化作用。因此，会展业受到许多地区和城市的重视。

11.1.1 会展产业的定义及构成

人们从不同的角度对会展的定义有多种看法。有人认为会展是在一定地域空间,由许多人聚集在一起定期或不定期、制度或非制度地传递与交流信息的社会活动。它包括各种类型的会议、展览、展销活动、体育竞技运动、大规模商品交易活动等。其中会议和展览是会展的重要组成部分。① 也有人认为会展是指在特定的空间、时间内多人集聚,围绕特定主题进行的交流活动。狭义的会展即指展览和会议,广义的会展包括展览会、会议和大型节事活动等。

> **扩展阅读 11.1**
>
> 会展的起源:关于会展的起源目前尚在探讨和研究,尚无统一、肯定的看法。大致有:"市集演变"说、"巫术礼仪与祭祀"说及"物物交换"说等。"市集演变"说认为:贸易性的展览无论在中国或外国,都由市集演变而来。欧洲是由城邦的传统市集发展演变而成,这一演变发生在15世纪,莱比锡市集演变为莱比锡样品市集(莱比锡博览会)是贸易性展览起源的代表。"巫术礼仪与祭祀"说认为:会展作为一种艺术形式,来源于原始人的万物有灵观念,原始人对自然神和祖宗神的崇拜祭祀活动,是会展艺术的雏形和起源。"物物交换"说认为,会展的起源可以追溯到原始社会产生物物交换的初期,在物与物进行相互交换的初级方式中开始存在"摆"和"看"形式,逐步从物物交换扩大到精神和文化的领域。因此,会展是随着社会的经济、政治、文化的进步而产生发展的,是围绕着人们物质和精神两个方面的需要而存在和发展完善的。

在美国学术界没有会展产业之说,对会展业的划分与描述大致分为两派。一派倡导将相关行业区分为展览业、会议业、体育业、旅游业等;另一派则倾向于事件产业(Events Industry)的提法,将会议、展览、体育赛事、旅游节庆等都包含于事件中。如美国最具影响的专业会展协会包括美国国际展览与事件协会(IAEE)、美国专业会议管理者协会(PCMA)、国际特殊事件协会(ISES)、国际会议专家协会(MPI)等。②

11.1.2 中国会展产业的发展趋势

我国的会展业尽管起步较晚,但目前正呈现出加速发展的趋势,具体包括以下几个方面:

1. 专业化趋势

在过去相当长一段时间内,我国会展业在办会展的过程中追求"全能型会展",希望一个会展能够包罗万象。然后这样的愿望在实际运作中往往会面临经费、组织、管理等诸多的困难,其最终结果便是导致展会特色不鲜明,吸引力不强。因此,走向专业化是中国会展业发展的必然选择。会展的专业化发展以专业的精神和专业化的诉求吸引参展商和参

---

① 镇剑虹等:《会展策划与实务》,上海交通大学出版社 2005 年版,第 3 页。
② 王春雷:《第四次浪潮——中国会展业的选择与明天》,中国旅游出版社 2008 年版,第 13 页。

观者。会展业的专业化包含三个方面的内容：展会内容的主题化、场馆功能的主导化和活动组织的专业化。在一些会展业发达的国家，某些国际性品牌展会总是固定在某个或几个场馆定期举行，这样既有助于会展公司和场馆之间开展长期合作，又有利于培育会展品牌。

2. 全球化趋势

随着中国与世界各国经济关系越来越密切，大批海外企业希望利用中国展会推广自己的产品、服务或企业形象，同时不少海外会展商也瞄准了中国这个全球最大的市场。巨大的竞争压力逼迫国内的会展企业在理念和技术层面不断创新，而相应的管理部门适时调整管控水平，熟悉国际规则，提高服务质量。

3. 创新化趋势

会展作为一个协助参展企业推销企业产品、服务或企业形象的活动，必须得到企业的认可。只有先把自己推销出去才能更好地帮助推销别人的东西。千篇一律的会展组织、布置和服务只会让参展商和参观者感到厌烦。要想在竞争日益激烈的会展市场中站稳脚跟，会展企业必须不断开拓创新。

4. 品牌化趋势

品牌是所有企业发展的灵魂，会展业要做大做强也同样需要在塑造品牌上狠下功夫。综观全球会展业较为发达国家，几乎都拥有自身的品牌会展，甚至有会展名城。因此，中国会展企业目前迫切需要借助品牌力量发展自身，以利于未来更有效地参与国际会展竞争。

扩展阅读 11.2

会展业在德国：德国是全球第一会展强国。国际上目前最重要的 150 个专业展会中约有 2/3 在德国举办。全球营业额最高 10 家会展企业中，德国企业占有 6 席。德国会展业全年营业额约为 25 亿欧元，而参展商和参观者每年为德国会展支出的费用高达 85 亿欧元，有近 10 万人从事与会展业有关的工作，综合经济效益更高达 205 亿欧元。

德国最重要的会展城市包括：法兰克福、汉诺威、慕尼黑、莱比锡、科隆、柏林、艾森等。在这些城市，通常会有为会展业专门开辟的特定区域以保证专业展厅的构建。

法兰克福会展中心

（图片来源：凤凰网）

11.2 会展产业的创意

会展产业创意作为一个新兴的产业,根据其各方的利益相关体(会展主办者、参展商、观众和服务商),主要分为以下几种类型:会展项目创意、展台设计创意、场馆设计创意。其中最主要的创意都集中在会展项目创意里,它又可分为主题创意、营销创意、运营创意(现场管理)三类。各方的创意都希望达到整体利益最大化的目标,实现双赢甚至多赢。[①]

11.2.1 会展产业创意的常用方法

1. 模仿创造法

人类的创造活动大致可分为两个阶段:第一阶段为初期创造活动,这一阶段的创造主要依赖于模仿;第二阶段为后期创造活动,这一阶段则侧重于在模仿创造的前提下进行再创造。可见,创造通常是由模仿开始。模仿创造法在人类的创造历史上占有重要的地位。在会展业的创意中,模仿创造法是运用最为广泛的创意方法。会展产业的运作所涉及的相关部门和工作人员繁多,因此会展业的运作往往具有一些相对固定的流程。因此,与之相应的会展创意多会从以往的会展创意吸收部分元素进行再创造。

2. 逆向思维法

逆向思维法是指为实现某一创新或解决某一常规思路难以解决的问题,而采取反向思维寻求解决问题的方法。逆向思维法对会展创意非常重要,会展创意人员须从参展商或参观者的角度进行思考,设计出符合参展商和参观者心理预期的创意。逆向思维具体包括换角度思考、换位思考和发散性逆向思考三种方法。换角度思考是指对事物在从常规的角度思考后另辟蹊径,从其他角度去进行思考。换位思考则是将事件或现象的正反两面特征全部或部分独立后进行思考。发散性思维是由一点到多点、由点及面、由此及彼,进行多向度思维的方法。

3. 同质异化法

同质异化法就是对一些人们早已熟悉的事物从新的角度或运用新方法进行再处理,将熟悉的事物陌生化。如前所属,新创意往往发生在对过去创意的超越创新之上。会展创意人员应积极从过往熟悉的事物中提炼出有价值的元素,进行新的阐发,从而形成更好更有价值的会展创意。

4. 移植嫁接法

移植嫁接法原是环境工艺创新中的一种重要方法。在创意领域,所谓移植嫁接就是要嫁接、改造创意的不同元素从而创造全新的创意。在会展创意中,我们可以借鉴来自影视、艺术、广告等各种门类中的创意元素,丰富展会的形式和内容。

11.2.2 会展创意——万国工业博览会(1851年,英国伦敦)

万国工业博览会(英文全称 Great Exhibition of the Works of Industry of all Nations,后以 Great Exhibition 为这一场博览会的专有名词),即人们通常所说的"1851

---

① 严三九、王虎:《文化产业创意与策划》,复旦大学出版社2011年版,第272页。

年博览会"或"水晶宫博览会",是全世界第一场世界博览会,在英国首都伦敦的海德公园举行,本次博览会历时5个多月,展期为1851年5月1日至10月11日,吸引了6 039 195名参观者,被视为近代国际会展业的开端。

19世纪前半叶,欧洲工业革命正如火如荼地进行,科学技术的快速发展,使人类生活发生了巨大的变化。维多利亚女王登基后,当时的英国在世界工业中技冠群雄、傲视全球,万国博览会的主要内容是世界文化与工业科技,主要展示工业革命后英国的辉煌成果,被视为维多利亚时代最重要的里程碑。

英国政府专门为世博会建立了一个皇家专项委员会,并且使之通过宪法修正案而成为永久性机构。该委员会由阿尔伯特亲王主持,其中也包括了一部分活跃在公共服务领域的杰出人士,诸如当时的副总理约翰·拉塞尔勋爵。在世博会展馆的设计竞标中,园艺工约瑟夫·帕克斯顿以他优雅美观、新颖别致的"水晶宫"创意最终中标。睡莲背面的茎脉是帕克斯顿创意的最初来源,帕克斯顿发现睡莲粗壮的茎脉纵横呈环形交错,构成既美观又可以负担巨大承载力的整体。在所有世博会参展作品中,最受赞誉的就是水晶宫,人们赞美这座通体透明、庞大雄伟的建筑。在水晶宫内,各种工艺设计、艺术雕塑琳琅满目。人们目瞪口呆地看着各种机器工作和来自不同国家的发明、珍奇。而这些展品所摆放的场馆水晶宫,更是以其令人激动的创意成了第一届世博会中最成功的作品和展品。

水晶宫展厅内景

(图片来源:百度图片)

11.3 会展策划的原则

11.3.1 会展策划的含义

会展策划是围绕会展活动的目标,在充分占有并全面、深入分析会展信息的基础上运用科学的策划方法,制定会展活动最佳方案的过程[①]。会展策划不仅可以为会展提供总体的指导思想,使某项会展活动具有最优实施方案,也可以节约会展的成本,使会展的运作更科学、合理和规范,提高经济效益,塑造会展品牌。

会展策划的完成需要依靠会展策划者、策划对象、策划依据、策划方案、策划效果评估

---

① 向闽敏:《会展文务》,上海财经大学出版社2005年版,第71页。

等诸多要素的配合。会展策划者是会展活动中的核心智囊,策划者的水平直接影响会展活动成功与否。会展活动的策划对象既可以是某些整体会展活动,也可以是会展诸要素中某一要素。如会展设计策划依据包括策划者的知识结构、信息储存以及有关策划对象的专业信息。策划方案则是策划者为实现策划目标,针对策划对象而设计创意的一套策略、方法和步骤。策划效果评估是对实施策划方案可能产生的效果进行预先的判断和评估。会展策划者诸多要素互相影响制约,共同构成一个完整的会展策划系统。①

11.3.2 会展策划的主要原则

1. 整体性原则。会展策划的整体性原则就是要求在策划过程中要把会展看作是一个有机联系的整体,从整体的角度全面考虑会展涉及的诸多方面问题,统筹安排,高效合作。

2. 目的性原则。会展活动需要较大人力、物力和财力的投入,而所有的投入都必须能产生相应效益,因此会展策划必须遵循市场的积极规律,明确会展策划所追寻的目标,切实分析各项策划活动可能带来的收益,为利益实现进行合理资源配置。

3. 可行性原则。会展活动涉及的工作非常繁复,是一项复杂的系统工程。因此,会展策划应根据自身情况以及外部环境的变化制定切实可行的活动方案。

4. 可控性原则。会展所涉及的企事业单位及相关人员繁多,是一项影响较大的社会公共活动,因此在会展策划中应充分考虑会展进程中可能发生的事件和相应的控制手段。在会展活动的运作过程中,规划科学的动态监测系统和应急响应系统,保证会展活动正常有序地开展。

5. 创新性原则。现代会展名目繁多,令人眼花缭乱。因此要想吸引更多参展商和参观者的参与,创新是会展策划的必然之选。无论是会展的理念、设计、组织、布置还是宣传推广,会展策划都务求做到不断创新。

11.4 会展活动的策划

目前我国主要的会展活动包括会议和展览会两大类,由此我们分别对两者的策划进行详细解析。

11.4.1 会议的策划

会议策划是根据会议的目的借助一定的科学方法和艺术,进行会议策划设计、制作策划方案以达到最终的会议效果。

会议的召开通常包括主办者、承办者和与会者三个构成要素。主办者即会议的出资者和会议目标的确立者,承办者是会议的具体筹办执行方,与会者则包括会议的所有参加者。会议的策划活动通常由承办者完成,具体而言,会议的策划主要包括:会议准备、宣传推广、流程设计三个阶段。

1. 会议准备

会议准备需完成的工作包括确定会议目标、议题、召开方式、参加对象及时间地点等问题。

---

① 许传宏:《会展策划》,复旦大学出版社 2005 年版,第 4—5 页。

在确立会议目标的过程中,承办者需要明确会议的总体目标,论证目标的可行性,进而对会议的后续活动进行总体把握。确立议题的过程中,可设置几个服从会议目标和主题的分议题,分议题应围绕会议主题展开,具有针对性和讨论性。议题的表述要准确清晰,让与会者快速辨别不易产生歧义。

确认了会议的目标和议题后,策划者可根据会议的需求选择不同的召开方式,确立符合会议定位、议题讨论和成本预算的参加者。根据参加者的规模和具体情况确定适宜的会议时间和场所。在确定会议时间时要综合考虑各方面的因素,找一个最能满足大多数与会者的时间。会议地点的确定要考虑到交通、环境、会场设施与服务和地点本身的意义等各种因素。

2. 宣传推广

在信息时代,会议的宣传推广是保证会议得到理想效果的重要环节。有效的宣传推广将有助于提高会议知名度,提升会议主办者和承办者的品牌影响力。在会议的宣传推广过程中,应充分利用各种媒体对会议进行多角度宣传。宣传推广可分为会前、会中和会后三个阶段:会前宣传推广主要是为吸引参与者,获得广泛的支持,提升会议的影响力;会中宣传推广则侧重及时报道会议进展;会后宣传推广则可广泛公布会议成果,提升会议主办者和承办者的形象。

3. 流程设计

会议流程设计主要包括议程、日程的策划。会议议程是指会议主要活动的总体安排,会议议程的策划是会议策划的核心内容之一。会议议程一般包括开场白和主题发言、自由讨论和结论总结三部分活动。会议的日程是指会议各项活动(包括辅助活动)的时间安排,通常需落实到具体的单位时间。

扩展阅读11.3

全球会都——达沃斯:伴随着会议市场的发展,一些城市由于其各方面条件的吸引,成为了炙手可热的会议举办目的地,一种新的城市发展模式也由此诞生。瑞士小镇达沃斯,世界经济论坛的举办地,风光旖旎,景色如诗如画,是欧洲人心中的"人间天堂"。然而,世界经济论坛在此举行前,它只是个默默无名的小镇。自首届论坛以后,达沃斯举世瞩目,开世界会议旅游史的先河。每年仅世界经济论坛举办的几天内,达沃斯就可收入2 000多万瑞士法郎。达沃斯依托会议带来的知名效应继续做

世界经济论坛举办地:瑞士小镇达沃斯
(图片来源:百度图片)

大旅游市场,形成旅游与会议相辅相成、互相促进的良好局面。如今,达沃斯每年接待来自世界各地约230多万名游客。

11.4.2 展览会策划的方法

展览会是通过现场展览和示范来传递信息、推荐形象的一种常规性公共关系活动,分为展览、庙会以及集会等。

1. 展览会的分类

按展览性质不同,展览会分为贸易和消费两类。贸易性展览会主要是为商业、制造业等专门行业举办,以交流信息、洽谈贸易为主要目的;消费性展览会是为公众举办的,以展出消费品为内容,以直接销售为目的的展会。

按展览内容不同,展览会分为综合和专业两类。综合性展览会指包括全行业或数个行业的展览会,也被称作横向型展览会;专业性展览会指展示某一行业甚至某一产品的展览会。专业性展览会的突出特征之一是常常在展会同时举办讨论会、报告会以介绍新产

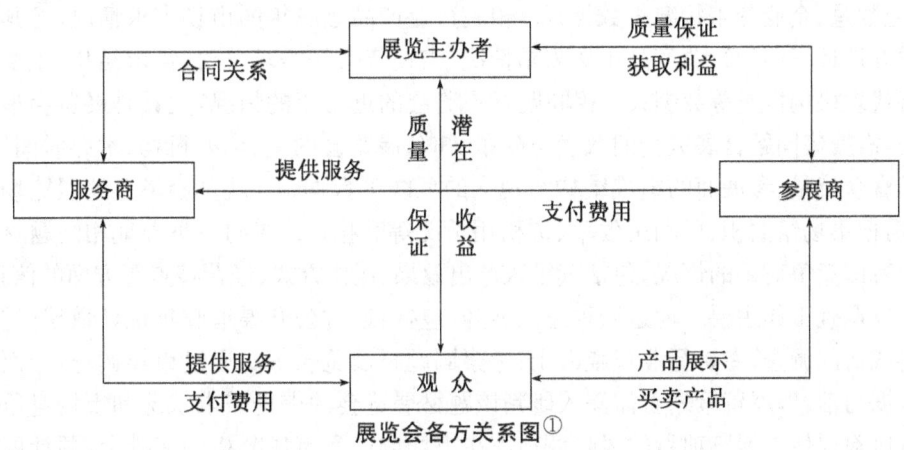

展览会各方关系图①

品、新技术。

按展览规模不同,展览会分为国际、国家、地区、地方展,以及单个公司的独家展等,不同规模的展览有不同的特色和优势,应根据企业自身条件和需要来选择。

按展览时间不同,展览会分定期和不定期两种。定期的有一年四次、一年两次、一年一次、两年一次等。不定期展会则是视需要和条件举办,分长期和短期。长期展可以是三个月、半年、甚至常设,短期展一般不超过一个月。在发达国家,专业贸易展览会一般是三天。

按展览场地不同,展览会分为室内展和室外展。室内展多用于展示常规展品。室外展多用于展示超大超重展品,比如航空展、矿山设备展等。在几个地方轮流举办的展览会被称作巡回展。

2. 展览会的策划

展览会策划工作属于商业营销性质,是一项系统工程。展览会的策划包括展览题材

---

① 严三九、王虎:《文化产业创意与策划》,复旦大学出版社2011年版,第282页。

的选择与创新、展览项目的市场调查与风险评估、展览项目组织工作方案的制订、相关社会资源的整合与利用等基本内容。科学并有质量地完成一个展览项目的策划工作，一般需要一年以上的时间。主持策划工作的负责人，应熟悉展览业，并具有相应的专业知识和综合能力。

展览题材的选择，是策划工作首先要解决的问题。选择展览题材，主要关注两个方面：一是拟选择的展览题材所代表的行业是否具有良好的市场发展前景，即初步研判该题材展览会的市场需求状况。二是拟定的展览会举办地有无相同题材的展览会以及举办方办展规模和水准如何，即初步研判该题材展览会的市场竞争态势。

如对市场需求有积极的研判，且在拟定的举办地尚无相同题材的展览会，或者已经有相同题材的展览会，但仍可竞争取代或竞争并存，则可立项进行市场调查与风险评估。相较于选题时的研判，展览项目的市场调查需更为细致、周全和具体，强调通过调查数据说明问题，从实际操作的角度解析问题。

市场调查工作的内容具体包括：1. 相关行业近三年的发展情况，尤其是展览会举办地近三年的行业发展情况，需搜集行业销售收入、主要产品技术进步趋势、主要产品产销量、企业数量、企业分布状况等数据；2. 相关行业产品近三年的市场需求情况，尤其是展览会举办地近三年的行业产品市场需求情况，需搜集市场需求总量、需求结构、主要买家或销售代理机构数量等数据；3. 相同题材展览会的近三年的情况，尤其是展览会举办地的情况，需搜集同题材展览会的数量与分布、知名展览会的主、承办机构、举办时间、展览规模及观众流量、参展商的组成结构与观众的反映等数据；4. 展览会举办地展览场馆的情况，需搜集场馆面积、可利用效率、被租用情况等数据；5. 在同一举办地相同题材展览会组织者即竞争对手的情况，包括其投入产出效果、运作方式、经营特点等方面的信息。

市场调查工作主要可通过四种途径展开，包括：通过公开渠道收集统计数据；进行市场问卷或访问调查；专访行业权威人士；考察同题材展览会等。通过市场调查，全面分析相关数据与信息，展览策划者需深入研判该题材展览会的市场需求状况和市场竞争态势并进行风险评估。展览项目的风险评估需在市场调查和市场分析的基础上，预计展览会的发展前景，预测展览会未来三年的经营状况，预估展览会可能遭遇的重大风险因素，并从经营风险和执行策划的角度为展览活动的举办提供决策参考。

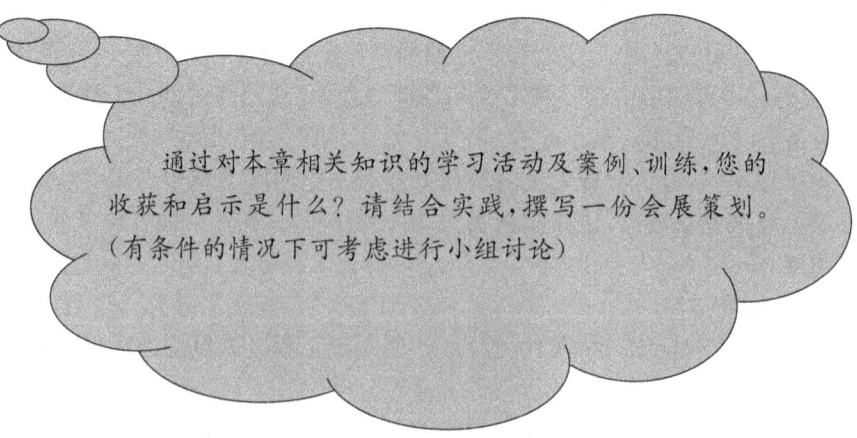

通过对本章相关知识的学习活动及案例、训练，您的收获和启示是什么？请结合实践，撰写一份会展策划。（有条件的情况下可考虑进行小组讨论）

第十二章　休闲文化业的创意与策划

　导　言

> 休闲文化产业指的是"与人的休闲生活、休闲行为、休闲需求密切相关的、提供各种休闲产品和休闲服务,以便满足人们的休闲消费目的的产业。它属于服务业大范畴,同时也涵盖工业、农业等产业,特别是以旅游业、体育业和文化产业为主业而构成的产业集群或产业链,是一种包容性很强的产业"[①]。休闲文化业主要包括文化旅游业和演艺娱乐业两大类,在我国社会经济快速发展的进程中,休闲已经成为一个显著的经济现象,在启动内需、鼓励消费、增加公共假日的背景下,人们在休闲娱乐方面的支出不断提高,休闲消费对国民经济的促进作用也越来越大,快速发展并提升休闲文化产业的地位和影响已成为发展国家和民生的重要战略。

 任务描述

- ☞ 休闲文化业的涵义和创意特点
- ☞ 休闲文化业策划的原则与方法
- ☞ 文化旅游业的创意与策划
- ☞ 演艺娱乐业的创意与策划

 学习目标

- ☞ 了解休闲文化业创意的特点和策划原则及方法
- ☞ 掌握文化旅游业和演艺娱乐业的产业特点和策划技巧
- ☞ 培养产业策划实践能力

12.1　什么是休闲产品?

休闲产品有广义和狭义之分,广义地说休闲产品就是各种满足休闲消费者需要的各

---

① 宋桂友:《文化产业基础》,重庆大学出版社2010年版,第135页。

种物质产品和劳务总和。根据休闲产品形式的不同可分为两种类型:1. 物质型休闲产品,如休闲食品、休闲服装、休闲房地产、休闲生活用品;2. 劳务型休闲产品包括设施服务型休闲产品和活动服务型休闲产品两种,前者如娱乐游艺场、主题公园、运动场馆等提供的各种游乐游览、康体休闲等服务,后者如农林观光、休闲渔业等。①

12.1.1 休闲文化产品的作用和功能

休闲文化产业在西方发达国家是国民经济收入的重要来源,它对国民经济具有明显的驱动作用,主要表现为拉动市场需求、刺激消费欲望、缓解就业压力等。由于休闲文化产业和国民经济其他行业的关联性很强,以此休闲消费可以带动旅游、交通通讯、娱乐设施、餐饮服务、体育健身、商业、文化教育、咨询、金融保险和社区服务等多个行业。目前我国的休闲文化产业已具备大规模快速发展的条件,据统计"2010 年我国居民休闲消费最核心部分约为 2.19 万亿元,相当于社会消费品零售总额的 14.20%,相当于 GDP 的 5.51%"②,可以说 2010 年是我国休闲文化产业开始加速发展之年,而"十二五"期间将成为我国休闲文化产业发展的黄金时期。

人的生活时间按照用途进行归类可以分成三种类型,它们分别是生存时间(existence time)、维生时间(subsistence time)和闲暇时间(free time)③,在这三种时间中,只有第三种时间,即闲暇时间/休闲时间是人们唯一不受任何外在强制因素干扰的时间,因此人们可以任意做自己喜欢的事情,而休闲文化业正是为了满足人们在这一时间段的需要所孕育而生的新兴产业。休闲文化业的宗旨就是要专门针对休闲时间进行深度开发,通过提供高质量的产品和服务让人们用尽可能少的时间去体验尽可能多的生活滋味或精神享受。人的生活质量会直接受到休闲品质的影响,人们追求休闲生活的目的在于提升、丰富和改善自己的生活。休闲一方面为人们提供了自我实现的机会,另一方面也培养了人们自我实现所需要的能力。适当的休闲活动既可以帮助人们放松身心,缓解精神焦虑,同时也可以极好地减轻人们的生活压力。尤其是一些安排合理的休闲活动具有明显的溢出效应,能够对人们的其他行为活动,包括和他人建立良好的人际关系起到积极的推动作用。

享有休闲是每个公民具备的社会权利,为人们提供充分的休闲活动以及文化活动的资源和场所是每个政府理应承当的责任和义务,在现有条件下如何通过推进休闲产业的发展来提高老百姓的生活质量和幸福感已成为政府关注的中心议题。根据中国社科院颁布的《2010—2011 年中国休闲发展报告》指出,随着社会物质和精神文化发展的需要,不少政府已开始着力推动休闲城市建设。所谓休闲城市就是"以全体市民共享为基本条件,以市民幸福指数为衡量标准,提倡生态节制、主张创造和自我实现的城市"④,目前中国的

---

① 唐湘辉:《休闲经济学:经济学视野中的休闲研究》,中国经济出版社 2009 年版,第 121 页。
② 胡波:《中国居民休闲消费核心 2 万亿中产阶层满意度较低》,http://finance.sina.com.cn/consume/xfmspl/20110610/19319973704.shtml。
③ 克里斯多夫·爱丁顿、陈彼得著,李一译:《休闲:一种转变的力量》,浙江大学出版社 2009 年版,第 5 页。
④ 俞来雷:《"休闲城市"研究——关于"休闲城市"本体、价值和方法论的一些探索》,武汉大学硕士学位论文,2005 年。

休闲城市大致可分为三类：(1) 原生态的休闲城市，以成都、昆明为代表，特点是休闲气息浓厚，生活节奏缓慢，以当地人为休闲主体；(2) 发达的休闲经济城市，以北京、上海、广州为代表，特点是依托发达的经济，有相对完善的休闲产业链；(3) 既有休闲传统又有发达的休闲产业配套，代表城市是杭州、长沙。

扩展阅读 12.1

表1 休闲指标分析（LSA）构成

一级指标		二级指标	单位
	城市名片	国家级荣誉称号	个
统计性指标	休闲环境	人口密度	人/km²
		空气质量达到二级以上天数占全年比重	%
		人均绿地面积	m²/人
		人均公园绿地面积	m²/人
		建成区绿化覆盖率	%
		人均城市道路面积	m²/人
		城镇生活污水集中处理率	%
		生活垃圾无害化处理率	%
	休闲条件	每百万人拥有 4A 级及以上旅游区	个/百万人
		每百万人拥有剧场、影剧院数	个/百万人
		每十万人体育场馆数	个/十万人
		每百万人公共图书馆藏书	个/百万人
		每万人拥有星级饭店数量	个/万人
		每万人拥有私家车数量	辆/万人
		每万人拥有公共汽车数量	辆/万人
		每万人拥有出租汽车数量	辆/万人
	休闲经济	城市居民人均地区生产总值	元
		城市人均社会消费品零售额	元
		每万人客运总量	人次
		每万人国际互联网用户数	万人
		第三产业占 GDP 的比重	%
		休闲核心产业从业人员比重	%
		居民服务和其他服务业从业人员比重	%
		批发和零售业从业人员比重	%
		人均旅游总收入	元/人
		国际化程度	%
市场性指标		消费者对城市休闲的关注程度	%

休闲指标分析构成

（图片来源：《2011 中国休闲城市发展综合评价分析报告》，http://www.cntl.org/html/actives/xxcspx/xinwenbaodao/2011/1018/22853.html 2011）

休闲城市代表了现代城市的发展方向，构建休闲城市可以促进城市功能的全面发展，在建构的过程中如果能抓住城市独特而鲜明的历史人文、自然风光、社会经济、生态文明等优势，展现其文化氛围和文化气质，可以极大地提升城市的品质和功能，实现新一轮的城市升级和转化。

12.1.2 休闲文化产业的营销

1. 休闲文化产品四大要素

休闲的目的是为了获得愉悦和幸福感，在这个越来越重视个性的时代，休闲文化产品的打造应遵循人性化、个性化和多样化的原则，针对不同顾客群体制定差异化的方案，同时休闲文化企业如果想要保持其产品持久的吸引力，就必须强化产品的文化性、环境性、体验性和个性化这四大要素①。

（1）文化性。文化性是休闲产品的灵魂和精髓，文化含量的多少决定了产品的质量和档次，具有浓厚人文内涵和文化底蕴的包装往往能带给顾客良好的第一印象，因此国外休闲企业会投入高达65%的资金用于主题文化包装。

（2）环境性。休闲产品的文化价值需要借助周围的环境烘托，舒适美观的环境既可以更好地表现产品，也可以在无形中拉近产品和顾客的距离，因此理想的环境往往可以给产品加分，而一些别出心裁、巧夺天工的设计更是可以成为该产品独一无二的形象标识，让人难以模仿。

（3）体验性。体验性是休闲产品的本质，它是通过顾客参与获得的一种特殊的精神性产品，充分的参与和独特的体验会给顾客带来极大的心理满足感和愉悦感，并且会一直传递于顾客心中，促使他下次继续购买，甚至邀请亲朋共同分享。

（4）个性化。以往的休闲产品缺乏个性、特色不明显，因而经常会产生跟风雷同的现象，现在的顾客崇尚个性和标新立异，因此在进行设计和营销时要根据消费者的兴趣爱好，设计特色鲜明、个性十足的产品，从而赢得不同类型消费者的喜爱。

南京市民公园里的创意休闲椅

（图片来源：http://www.cnzicai.com/news/detail/20110323/78834.html）

2. 休闲文化产业策划原则

休闲文化业的项目策划要全局把握，坚持全方位、多角度、多层次的视点，在涉及具体的营销项目时还要特别遵守以下几项原则：(1)培养顾客的休闲意识和消费习惯。目前国内消费者还没有具备强烈的休闲意识和成熟的消费习惯，这就为企业主动塑造和引导消费者，培养产品忠诚度提供了先机。企业的设计者和营销者自身应首先打破固有观念，把自身的新颖理念和创新思维引入产品和服务中，从而可以更加主动地引导消费者；(2)创造休闲的消费时尚和消费潮流。广告是塑造消费潮流的主要手段，休闲产品不是生活必需品，而是消费品，这就决定了营销者要更多地从心理诱导入手，通过各种新奇有趣的宣传来刺激消费者，鼓励他们通过使用休闲产品来体验新的生活方式；(3)彰显产品设计的亲切感和人性化。消费者在消费休闲产品时通常看重的是产品的娱乐性和舒适

---

① 唐湘辉：《休闲经济学：经济学视野中的休闲研究》，中国经济出版社2009年版。

性,尤其是符合自己个性需求的产品会格外垂青。休闲产品不同于物质产品,因为它直接作用于人的感觉和体验,因此在进行产品营销时,体贴的服务、温馨的环境实际上也是附着于产品本身的必备元素,不可或缺;(4)创造新型复合型服务。当代休闲产业自身的资源有限,如果想有所扩展壮大必须和其他的产业相结合,形成一种连锁式的休闲产品集群,如广东的东莞经济发达,商务活动频繁,与之相联系的休闲配套设施和活动也非常繁荣,12个镇就拥有18家五星级饭店和27家四星级饭店,饭店总量高达390多家。商务会议和高尔夫运动、泡温泉等休闲娱乐活动相结合,实现了商业活动的休闲化,并且形成互惠互利的格局。

12.2　什么是旅游业?

休闲和旅游相互联系,但是也有所区别,"休闲是人们在闲暇时间所从事的消遣性活动,是与人们的劳动状态相对应的一种必不可少的生活方式;而旅游是其中的一种休闲方式。"①旅游业是以旅游资源为核心,以旅游经济、旅游食宿和旅游交通等为外围产业而向外不断辐射的综合性产业②,同时也是规模最大、发展速度最快的休闲产业。旅游产业的核心要素,即旅游资源带有非常鲜明而独特的文化色彩,因此旅游业又被称之为文化旅游业。文化是旅游业的灵魂,文化资源丰富的地方具有开发旅游业的先天优势。伴随时代的发展,旅游业在整个国民经济体系中所具有的地位和作用越来越突出,它已发展成为以自然历史文物景点观光为核心,以享受人类文明成果、开发快乐精神资源和获取自然历史知识为动机,带动饮食、旅馆、交通、商业、娱乐等配套发展的大型文化产业群。

《印象.刘三姐》大型山水实景演出

(图片来源:http://baike.baidu.com/view/363546.htm? fromId=32018)

12.2.1　旅游产业链与品牌营销

旅游产品是什么呢? 一件旅游产品可以定义为一个旅游者从出发到游完全程直至返

---

① 马惠娣:《休闲与国计民生——2008年中国休闲与社会进步学术年会文集》,重庆大学出版社2009年版,第219页。

② 欧阳有权:《文化产业通论》,湖南人民出版社2006年版,第244页。

回的全部旅游活动过程,在这个活动中主要包含了"食、宿、行、游、购、娱"六个要素。旅游者购买旅游产品,绝不仅仅是购买一次往返机票或食宿,而是购买一次完整的旅游活动,从中获得一次独特的旅游经历。如果游客对旅游活动中的某个环节有意见,就有可能对整个旅游过程不满,因为他们是把旅游活动全程看作一个完整的消费过程,而不是相互割裂的单个消费行为。从这个意义上说,旅游产业是由一连串横向联系的企业构成的产业链,因为没有任何一家企业能够为旅游者提供从交通、住宿、餐饮、购物到全套景点的组合,只有若干个跨地区甚至跨部门的企业进行分工合作才能完成旅游产品的"组装"。

旅游服务就像一副六抬大轿,位于"食、宿、行、游、购、娱"产业链上的每一个企业就是这六个轿夫,缺一不可,且相互关联,如果他们各有各的经营理念,互不配合,就会损害整个行业的利益。例如有的旅行社在搞低价促销,而景点偏偏在涨价;有的旅行社虽然降低了线路旅游费用,但在服务中却偷工减料;有的购物点为了牟取暴利与导游相勾结,销售假冒伪劣产品、坑害旅游者,这些行为完全是以自己的"产品"为中心,而罔顾整个行业利益。互相拆台的结果是肢解了旅游产品和旅游消费市场的整体性,严重损害了全线路的声誉,最后自己也会因此被牵连受损。

旅游行业的特点是一荣俱荣、一损俱损,因此旅游业内的每个企业需要协同整合,共同打造产业链,形成品牌效应。所谓协同,就是树立产业链意识,把以自我为中心的经营思想转化为自我与产业链两个经营理念;所谓整合,就是行业管理部门、各地区、各企业三方努力,推动这个行业逐步建立互相配合的机制。在产业链打造和品牌经营方面,深圳欢乐谷的运作可以说很好地践行了以上原则。

深圳欢乐谷是深圳华侨城集团的一个主题公园项目,在"建不完的欢乐谷,玩不完的欢乐谷"的经营理念下,欢乐谷被作为品牌向外扩展经营,从一期开始,欢乐谷的形象定位就是"动感、时尚、欢乐、梦幻",创造了一种融主题性、文化性、娱乐性和休闲性为一体的新型游乐方式,而这种游乐方式本身与华侨城其他项目息息相关,相互联动。根据华侨城的总体运营思路,是要将主题公园、主题商业和主题地产放在一个区域内,利用文化脉络进行综合开发,用主题公园的文化娱乐以及生态环境的营造来带动整个区域的品牌,带动整个区域的品质,带动地产项目的发展。同时社区和商业的开发也反过来给公园带来了人气,这种联动开发能够更多地挖掘相互之间的边界效益,组成资源长效和短效相结合的机制①。

12.2.2　生态旅游与资本运作

传统旅游业模式因为忽视旅游活动对环境的影响而给人类生存环境和自然资源造成极大危害,因此当代旅游业已逐渐转向以生态旅游为主流的可持续发展的轨道。"生态旅游业是以生态旅游资源为凭借,以旅游设施为基础,为生态旅游者的生态旅游活动创造便利条件并提供所需商品和服务的综合性行业。"②生态旅游和传统旅游的不同在于它除了实现经济价值的同时也兼顾社会和美学价值,寻求利润和环境资源价值的维持,在生态旅

---

① 薛童:《欢乐谷——中国原生态主题公园》,《新经济导刊》,2006年第14期,http://finance.ce.cn/money/200608/04/t20060804_8014216.shtml。
② 吴易明、徐月芳:《中国生态旅游业研究》,对外经济贸易大学出版社2007年版,第71页。

游系统中,受益者不仅是开发商和游客,而且还包含了社区和当地居民,由于环境得到有效保护而使得旅游业本身也获得可持续发展。

中国幅员辽阔,自然景观和人文生态资源丰富,适宜进行生态旅游的开发。但生态旅游资源本身具有地域性、脆弱性和生态性的特点,在开发利用的过程中最重要的是如何将原始的自然资源转化为强有力的文化资本进行流通和转化、反复产出,既获得经济效益又能有效地保护自然资源,从而实现一种可持续性的发展态势,可以说云南丽江是一个值得借鉴的成功范例。

丽江古城

(图片来源:http://www.zoutu.com/Travel/Route/357.html)

云南省丽江市本是一个经济欠发达的西部小镇,但是丽江地处滇、川、藏三地的核心地区,历来就是羌藏文化圈、汉文化圈和濮越文化圈的重要交汇地,因此这里保留了大量古老的传统习俗和人文景观,如东巴文化、丽江古城、纳西古乐、茶马古道等众多富有民族特色的历史文化遗迹,尤其是这里积聚了世界三大遗产,即世界文化遗产"丽江古城"、世界记忆遗产"东巴文献古籍"和世界自然遗产"三江并流",这些丰富的文化资源成为丽江发展旅游业得天独厚的文化资本。

著名的经济学教授戴维·斯罗斯比(David Throsby)认为"文化资本是以财富的形式具体表现出来的文化价值的积累。这种积累紧接着可能引起物品和服务的不断流动。与此同时,形成了本身具有文化价值和经济价值的商品,财富也是以有形或无形的形式存在。这种有形的文化资本的积累存在于被赋予了文化意义的建筑、遗址、艺术品和诸如油画、雕塑及其他私人物品形式而存在的人工作品之中。"[①]丽江的成功之处就在于将这些丰富的民族文化和历史遗产转化为文化资本,让这些无形的资源变身为可以体验参与的有形实体,从而让文化创造出无穷价值。首先,丽江以市场需求为导向,对文化产品和服务进行多样化的开发和销售;其次,加强衍生产品开发,形成并延伸产业链;再次,经济效益和生态保护并举,科学开发旅游资源。

丽江在开发的过程中本着保护环境、以人为本的原则,尽可能地保留当地的原始民俗风貌,并邀请和培养当地居民参与当地建设和旅游营销,据统计,丽江目前的家庭作坊或

---

① 顾江:《文化产业经典命题100例》,东南大学出版社2011年版,第182页。

传统的"前店后家"式的民族文化工艺品市场年营业收入已超过 5 000 万元,以开发民族文化资源为主、取得显著效果的民族文化企业已有十多家,已经形成一个以演艺业为主、兼有图书出版、音像制作、饮食、手工艺、博物展览、风情领略等多种经营门类的文化产业集群。

12.3 什么是演艺娱乐业?

演艺娱乐业是以表演为主要内容,为消费者提供消遣和娱乐性产品或服务的综合型产业。从演艺娱乐业的构成要素来看,通常包含了表演组织者与表演者、表演节目、节目受众、表演时间和表演地点(场所)这五个方面的内容。根据不同标准,演艺业通常可以划分为公益性演出和营业性演出两种服务类型,后者是行业的真正主体,实行市场化、产业化的运作。

12.3.1 演艺业营销与管理

近年来我国演艺市场获得较大发展,现已形成京津冀、长三角、大珠三角这几大演出市场三足鼎立的发展格局,其中长三角演出市场最突出也最发达,京津冀和大珠三角则旗鼓相当。但从总体发展态势而言,由于我国演艺业多年来处于杂乱的小生产状态,表演团体互相独立,资源分散,有的剧院和团体生产能力过剩、资源闲置,有的院团生产能力不足、资源有限,所以许多地方和团体各自为政、各行其是,长期以来形成一种封闭狭小、缺乏活力和创新能力的行业模式。在现有体制下,国内整个演艺业仍处于一个初级阶段,演艺单位的市场化程度低,缺乏自主性,同时也不具备行业扩张的能力,在很大程度上都需要依靠政府采取行政手段进行重组和整合才能有所作为。从人力资源构成上讲,演艺界目前最缺乏的不是演艺人才,而是营销管理人才,演艺产业的改革和拓新也主要依赖于演艺营销管理工作的进展水平。

在制定演艺营销计划之前,有必要针对具体的产品受众进行较为详细的市场调查,掌握观众心理和消费特点,安排符合观众需求的演出,或者在原有演出基础上根据不同观众群体特征进行改编和加工。不同的消费群体具有的消费动机和消费特征具有较大差异,总体上可以分为娱乐型、追星型、猎奇型、追求时尚型、审美型和爱好型,这决定了演出时的节目安排要避免单一化,让节目样式和内容尽量多样化、新颖化,这样才能从总体上满足不同消费者的需求。从具体的营销与管理工作而言,其步骤大致如下[①]:

首先,分析市场机会。每个企业均有自己的特长专业,应选择某些能够发挥自身优势、享有更大差别利益的市场机会作为本企业的市场机会,选择之前最好进行严密的市场调查,内容包括:(1) 市场规模;(2) 竞争对手情况消费诉求;(3) 观众类型;(4) 主流观众群情况;(5) 观众消费能力;(6) 观众期望的演出档期等。

其次,选择目标市场。在分析各种市场机会后可以进行最终评价,然后选择适合本企业发展特色的目标市场,并且展开相应的市场调查研究。如果有部分演出是针对某些特定观众群设计的,这部分观众就是企业选定的目标市场。如德云社的相声、刘老根大舞台

---

① 胡月明:《演出经纪人》,中国经济出版社 2002 年版。

的东北小品、上海周立波的海派清口表演所具有的地域文化特征明显,在节目设计上应首先满足本地观众的诉求,用方言表演,在获取本地观众支持和追捧的基础上再考虑扩张外地市场,编排其他普通话类的节目。

沈阳刘老根大舞台

(图片来源:http://www.tjxumu.cn/news/205581_3.html)

北京德云社

(图片来源:http://www.chinese.cn/quyi/article/2011-05/06/content_256749.htm)

再次,设计和管理市场营销活动。市场营销是一个综合性的工程,涉及的具体指标至少包括了演出剧目、票房价格、演出时间和地点,以及演出促销措施。在设计并规划好以上四个方面内容后就可以有条不紊地执行计划,执行计划的部门有演出部、项目部、演出经理部和业务部。同时必须注意的是,演出市场营销部门的经营效益不仅取决于组织结构是否合理,还取决于负责人能否合理地挑选、培训、指挥和激励营销人员,调动工作人员的积极性。

12.3.2 演艺业的国际化运作

目前,世界市场一体化进程显著加速,演艺市场也形成了多元交错、激烈竞争的大格局,原先散布于世界各地的艺术演出机构的生存状态也随之改变,整个产业正从原先独立存在、自我运作、区域服务模式迅速转向世界性主体、世界性巡演和全球市场规划的发展模式中。近年来,尽管中外文化交流日益频繁,中国演出团体的海外演出数量也逐年增多,但这些演出大多是交流性,而不是贸易性的,中国演出团体的海外商业演出收益与海外演出团体在中国演出的收益相比,存在巨大的贸易逆差,中国海外商演在国际市场竞争中所占的份额极小,处于弱势地位,这与我国"走出去"的文化发展战略存在较大差距,迫切要求国内演艺产业转变观念,加快步伐,通过有效的商业渠道和舆论宣传推动本国优秀演艺节目走向世界。

中国大型功夫剧《少林武魂》2009年在纽约百老汇举行首演
这是中国戏剧作品首次成功登陆百老汇主流剧场
(图片来源:http://henan.people.com.cn/news/2009/01/18/357851.html)

要尽快改变对外演出的贸易逆差的被动状况,需要完善和发挥演出中介机构的作用,建立规范法制的市场运作体制,鼓励和扶持文化经纪代理机构和营销机构,最好采取企业和政府相结合的方式,增大演艺业的国际宣传,为对外演出开辟专门的信息渠道,在扩大中国文化在全球范围内的认同感基础上大规模地输出演艺节目和演艺团体。在"走出去"的过程中,中国的演艺市场营销是一个非常突出的薄弱环节,作为演出团体的经纪人公司应该按照国际惯例和规则进行操作,确保演出质量和水准[①]。

(1)制订详细完备的演出计划。在时间安排上应尽量提前,因为预定剧场、安排档期和前期宣传都需要不少时间,涉外演出经纪至少提前18个月到24个月进行联系洽谈,如果时间紧急的话,最快也要8到12个月,这是国际演出的惯例。

(2)联系经纪对象,进行前期谈判。联系经纪对象时要尽量与对方保持友好关系,主动交流,积极介绍中国情况,提高对方对我们的认同感,为后期各项工作奠定良好基础。如果对方有意合作,应抓紧机会赶快进入前期谈判,内容包括合作档期、演出内容、费用、人数等重要事项,谈判完毕后就可以签订合作意向书,确定谈判时间表。

(3)签订演出合同。演出合同包括经营合同、经纪合同、场地租赁合同、赞助或投资合同等。在签订合同时要还要注意一些细节的约定是否到位,比如经纪对象的衣食住行都应该有具体的条文规定。

(4)办理申报手续。按照国家颁布的《营业性演出管理条例实施细则》规定:演出公司申报营业性涉外演出,应当报国务院文化行政部门审批,在申报时要提供以下文件——

---

① 闫玉刚:《国际演出与文化会展贸易》,中国传媒大学出版社2008年版。

演出申请书、演出合同文本(中外文)、演出节目内容材料和光盘。

(5) 办理演出邀请手续,落实演出合同。审批成功后,就可以将相关文件及时送达经纪对象,然后根据合同中的演出日程安排将演出来落实到位,若出现问题,应尽量事先告知经纪对象,争取通过友好协商的方式进行解决。

通过对本章相关知识的学习活动及案例、训练,您的收获和启示是什么?请结合实践,谈谈您对中国休闲文化产业发展现状和未来前景的理解和认识。(有条件的情况下可考虑进行小组讨论)

参考文献

[1] 吴满意.广告文化.中国经济出版社,1995
[2] 周培玉.文化产业策划管理教程.中国经济出版社,2006
[3] 蔡嘉清.文化产业营销.清华大学出版社,2007
[4] [美]乔治·E.贝尔奇,麦克尔·A.贝尔奇.广告与促销——整合营销传播展望.张红霞,李志红译.东北财经大学出版社,2000
[5] 饶德江.广告策划与创意.武汉大学出版社,2003
[6] 方明光.文化市场营销学.上海交通大学出版社,1996
[7] [美]菲利普·科特勒,等.市场营销管理.郭国庆,等译.中国人民大学出版社,2002
[8] [英]保罗·司徒伯特.品牌的力量.尹英,等译.中信出版社,2000
[9] 刘永炬,冯斐.广告策划与创意:锁定目标与攻击方法.企业管理出版社,2001
[10] 欧阳友权.文化产业通论.湖南人民出版社,2006
[11] 蔡雯.新闻报道策划与新闻资源开发.中国人民大学出版社,2004
[12] 李焱胜.中国报刊图史.湖北人民出版社,2005
[13] 蔡雯,赵劲,许向东.新闻编辑案例教程.中国人民大学出版社,2009
[14] 期刊年鉴编辑部.中国期刊年鉴2006—2007,2008
[15] 梅红.《读者》的品牌及审美分析.四川大学博士论文
[16] 易图强.图书选题策划导论.中国人民大学出版社,2008
[17] 陈丽菲.现代图书编辑实务教程.苏州大学出版社,2007
[18] 王燕梅,邓媛媛,曹晓宽,等.出版发行产业链研究.中国经济出版社,2009
[19] 曾耀农.现代媒体策划原理及应用.清华大学出版社,2010
[20] 林俊毅.中国电影整合营销关键报告.中国电影出版社,2010
[21] 崔兆倩.浅析微电影的现状及发展.新闻与传播研究,2012(2)
[22] 雷蔚真.电视策划.中国人民大学出版社,2008
[23] 卢斌,郑玉明,牛兴侦.中国动漫产业发展报告(2011).社会科学文献出版社,2011
[24] 马晓峰.漫画技法.上海交通大学出版社,2009
[25] 王冀中.动画产业经营与管理.中国传媒大学出版社,2006
[26] 中宣部文化体制改革和发展办公室.国际文化发展报告.商务印书馆,2005
[27] 吴湛微.日本动画商业模式的演变及其借鉴意义.学术交流,2008(11)
[28] 厉无畏.我国动漫产业发展四大难题亟待破解.经济参考报,2007-05-25
[29] 包晓光,徐海龙.中国当代文化产业导论.北京大学出版社,2010
[30] 谢婉若.迪斯尼传媒集团产业链经营模式分析.时代教育,2006(12)
[31] 孙启明,郭玉锦,刘宇,曾静平.文化创意前沿(希望:新媒体崛起).中国传媒大学出

版社,2008
- [32] 宋桂友. 文化产业基础. 重庆大学出版社,2010
- [33] 唐湘辉. 休闲经济学:经济学视野中的休闲研究. 中国经济出版社,2009
- [34] 克里斯多夫·爱丁顿,陈彼得. 休闲:一种转变的力量. 李一译. 浙江大学出版社,2009
- [35] 俞来雷. "休闲城市"研究——关于"休闲城市"本体、价值和方法论的一些探索. 武汉大学硕士学位论文
- [36] 马惠娣. 休闲与国计民生——2008年中国休闲与社会进步学术年会文集. 重庆大学出版社,2009
- [37] 薛童. 欢乐谷——中国原生态主题公园. 新经济导刊,2006(14)
- [38] 吴易明,徐月芳. 中国生态旅游业研究. 对外经济贸易大学出版社,2007
- [39] 顾江. 文化产业经典命题100例. 东南大学出版社,2011
- [40] 胡月明. 演出经纪人. 中国经济出版社,2002
- [41] 闫玉刚. 国际演出与文化会展贸易. 中国传媒大学出版社,2008
- [42] 王春雷. 第四次浪潮——中国会展业的选择与明天. 中国旅游出版社,2008
- [43] 向闽敏. 会展文务. 上海财经大学出版社,2005